人間晩年図巻

2000−03年

関川夏央

人間晩年図巻 2000–03年

岩波書店

目次

2002年に死んだ人々

装丁＝奥定泰之

2000年に死んだ人々

仙波龍英
梶山静六
青江三奈
吉田清治
大貫久男

仙波龍英

〈歌人・作家〉

「青春の物語」を拒むつぶやき

『墓地裏の花屋』より

■せんば・りゅうえい
■ 2000年4月10日(?)没(48歳)
■過度の飲酒の結果の衰弱死か

二〇〇〇年四月、四十八歳で亡くなった仙波龍英は歌人。ホラー小説も書いたが、生前に残した二冊の歌集で記憶される。

極東のスペイン坂のかたすみにわれ泣きぬれず雨に濡れゐつ

一九八四年の作品。八五年、三十三歳で刊行した第一歌集『わたしは可愛い三月兎』中にある。表紙絵は不条理マンガの吾妻ひでおが描いたが、それは歌集としてはまったく異例・異質な印象で、話題を呼んだ。

一読、啄木の歌のパロディだとわかる。しかし啄木の、「東海の小島」すなわち「世界の孤島・

日本」の海岸で「泣きぬれ」ながら、「蟹」すなわち「短歌」のような短詩型とたわむれている自分、そんな自嘲の構図はここにはない。

一九八〇年代の日本の青年は、渋谷センター街を脇にそれたところにある階段坂の露地、「スペイン坂」という気恥ずかしい呼び名の場所にたたずんで、「雨に濡れる」ばかりである。

この歌集には、過剰なまでに詞書《ことばがき》と注釈がほどこされている。

歌集第一首の詞書は、「'61／葉山・姉21歳と19歳、少年は9歳」。

〈ローニン〉の大姉〈ポンジョ〉の姉ふたり東洋の魔女より魔女である

つぎは「'65／田園調布5の37の2・姉25歳ローニン、23歳アソビニン、少年は13歳」という詞書につづく歌。

スティングレーのりまはす姉ワルキューレ狂ひのおほあね撲りあふ朝

「大姉」は「おほあね」と読ませる。

仙波龍英一家は田園調布に住んでいた。末っ子の龍英より十二歳年長、「英和(東洋英和)」を出た烈しい性格の上の姉は国立大学医学部を志望して果たさず、「大磯の別宅」に移って「ローニン」をつづけ、やがて精神の平衡を崩した気配がある。ポンジョ(日本女子大)に進んだ下の姉は外国車を運転して、葉山の別荘に遊びに行く。すると慶応のヨット部員がわらわらと集まってくる。そういう環境であった。性格の違う姉二人だが烈しさだけは共有していて、ときに「撲りあふ」。

末の男の子は女性の「魔」を深く心に刻んだ。「東洋の魔女」とは一九六一年頃、不敗の女子バレーボールチーム日紡貝塚(のちユニチカ)に呈上された形容である。

小児結核を患ったことのある少年・仙波龍英は三月生まれ、家庭でも学校でもいちばん小さく「可愛い」子であったが、その内心には「可愛い三月兎」に甘んじることができないなにものかが育った。少年が十三歳のとき父親が亡くなった。父は新聞に死亡記事が載るような人であった。しかし葬儀に、「妾のむすめ」が突然現れて姉たちは逆上する。少年にとっては三人目の「魔女」である。父の死を契機に、一家は田園調布から東急大井町線沿いの北千束に移った。それでも一階だけで五部屋、二階もある大きな家であった。

これらはみな、韜晦《とうかい》癖と「私小説」への傾斜という矛盾に満ちた第一歌集から読み取ったのである。歌集の前半で一九六一年から六五年、作者九歳から十三歳までの心象を歌い、この時期に自分は自分になった(なってしまった)といっている。

「青春の物語」を拒む歌

「年代記」を一九六〇年、いわゆる「安保闘争」の年から始めないのは年齢からいって無理ないことといえるが、自らの成長の回想を、歌そのものと、詞書・注釈に「有難や節」、「ダッコちゃん人形」「赤木圭一郎」「東京ドドンパ娘」「ララミー牧場」「スーダラ節」「五島プラネタリウム」「ベンチャーズ」など、当時の風俗をつぶさに収集して、あえて六一年から始めている。それは現代短歌につきもの、というよりほとんどその本質とさえいえる「青春のドラマ」への強い拒絶をしめしている、とする歌人・小池光が『わたしは可愛い三月兎』に寄せた「解説」には説得力がある。

「'52年生まれの仙波は、常道ならばこの一冊では青春のドラマを展開しなければならない。愛と別れ、反抗と挫折、生活と幻想といった青春抒情を、である。ところが仙波は全くそれをやらない」「(吾妻ひでおの)表紙そのままのマンガのような短歌で、そして、マンガでありつつ、なにかえたいの知れない不気味なものが、海中から触手をのばしてぐにゃりと上陸を図っているような感じがする。短歌をヤッテない人はおもしろがるが、短歌をヤッテる人は、十人中九人まで、たぶんイヤな顔をする」(小池光「解説　うさぎはどこで跳ねるか」)

1091F林檎の樹のパイのオーロラ風食ふ980円　(享年七十二歳)
ひら仮名は凄じきかなはははははははははは母死んだ
父逝きて二十数年、母逝きて一年余犬逝きて二カ月余　(近いほど悲しい)

「109」は渋谷の著名なファッションビル、その一階にある「林檎の樹」というレストランで食事をしたという歌。日本がバブル経済へと向かう時期の居心地の悪さが、遠慮がちに、しかし強引につぶやかれる。

つづく二首は、仙波龍英の二冊目にして最後の歌集『墓地裏の花屋』(一九九二年)にある。母親が七十二歳で亡くなったのは八八年十二月、バブルの頂点であった。長姉は精神病棟に入っていて母親の葬式に出られず、他家に嫁いだ次姉が、とうに楽ではない仙波家の経済を無視するように葬儀の見栄を張りながら取り仕切った。

仙波龍英はそれまで母とともに北千束の家に住み、二階を人に貸していた。借り手は書きものをする女性だったというが、彼はその人を高橋留美子のマンガ『めぞん一刻』になぞらえて「管理人さん」と呼び、親しんでいた。仙波自身は、同棲していたのだといっている。

仙波龍英の第一歌集の表紙を描いた吾妻ひでおは仙波より二歳上、北海道出身で高校時代からマンガ誌「COM」の読者投稿欄「ぐら・こん」で岡田史子《ふみこ》らとともに活躍した。上京翌年、六九年にデビュー、美少女と「不気味さ」を並列したマンガ『ふたりと5人』『やけくそ天使』『不条理日記』などで、一部に熱狂的なファンを持った。

しかし八〇年代に入ると、アルコール依存症と双極性障害に悩んで二度失踪した。

八九年、三十九歳のとき埼玉県入間市の山林で自殺をしようとして果たさず、そのままホームレス生活をするうち警察に保護された。九二年には西東京市伏見の竹やぶで寝て、毎日石神井《しゃくじい》公園まで歩いて通った。やがて東京ガスの下請けの会社で配管工となり、在職中、会社の社内報に「ガス屋のガス公」というマンガを東英夫の名前で連載した。九八年、アルコール依存症のため強制入院。退院後は断酒をつづけ、二〇〇五年にはかつての経験を『失踪日記』でえがいて、日本漫画家協会賞大賞、文化庁メディア芸術祭マンガ部門大賞、手塚治虫文化賞大賞を受賞した。

仙波龍英には失踪癖はなかったが、よく怪我をする人であった。母親が亡くなった一九八八年はとくに不運で、四度も事故にあった。

二月、渋谷駅で転んで頭を打った。四月、自宅の階段を転落して右手首を折った。六月、変質者に耳のうしろを切りつけられた。八月、夜中にラーメンを食べに出かけて車にはねられた。

しかし仙波龍英の歌は、こんな整序をもしめすのである。

夕照《せきしょう》はしづかに展《ひら》くこの谷のPARCO三基を墓碑となすまで

渋谷の谷にPARCOパート3が建てられたのは一九八一年、三本のPARCOがまるで墓石のようだといっている。もともと墓地や墓石に執着しがちな歌人であった。

あえてブームにはのらず

少年時代はＳＦ小説に凝り、レイ・ブラッドベリやフレデリック・ブラウンを愛した。ついで萩原朔太郎や中原中也が好きになった。やがてレイモン・ラディゲにはまり、二十歳までに死のうと決心した。ここまでは文学好きな少年の経路としては怪しむに足りない。

短歌に接近したのは早稲田大学時代である。法学部で一年留年した三年生の七三年、ミステリクラブに入会して後年歌人となる藤原龍一郎と知りあい、勧められて結社「短歌人」に加わった。そうして、後年の彼のおそるべき不精さを思えばウソのように熱心に例会に参加し、作歌した。

藤原龍一郎は、仙波龍英のことを「氷《ヒ》神《ガミ》琴《コト》支《シ》郎《ロウ》」という名前だと思い、「ヒガミさん」とずっと呼んでいたという。本人が「ヒガミ」と名のり、見せてくれた学生証にも「氷神琴支郎」としるされていたからである。どうやって、またどういう意図で学生証を偽造したものかわからないが、「仙波龍英という人間には、そういう奇妙さを信じさせてしまうような屈折した魅力が確かにあったのである」(藤原龍一郎「メモワール仙波龍英」)

七六年に卒業、藤原龍一郎は出版社に、仙波龍英は有名な下着メーカーの系列会社に就職した。しかし藤原は七八年暮れに会社を辞め、仙波は七九年春、大阪転勤の辞令が出たのを契機に退社してふたりともフリーの書き手になった。老いた母親と病気の姉を東京に残して転勤するわけにはいかないというのが理由だったが、会社勤めがイヤになったのだろうと藤原は察した。

以後ふたりはそれぞれ複数のペンネームを使って、ありとあらゆるジャンルの雑文をマイナー雑誌で書き散らした。彼らが頻繁に電話で話したのはこの時期だが、話題はたいていフリーの生活の不安定さにまつわる愚痴だった。しかし短歌と距離を置いていた藤原に対し、仙波の、詞書や注釈を駆使した短歌のスタイルはすでに「短歌人」内部で認識され評価されつつあった。同時に、ホラー小説執筆への意欲もしめして、その構想を藤原に語ったりした。

歌集を出したいと仙波が藤原に告げたのは八四年初夏だった。歌集専門の出版社ではなく現代詩作家・荒川洋治の個人出版社・紫陽社から出したい、表紙絵は吾妻ひでおのマンガにしたい、といったのはそのときである。藤原は、歌壇とは関係ない版元を選ぶなら「解説」は歌人に頼むのがいいといって「短歌人」の小池光の名前をあげ、それは実現した。

この歌集『わたしは可愛い三月兎』は、藤原龍一郎の予想通り短歌の世界にとまどいと喝采とをもって迎えられた。藤原は、短歌界で仙波龍英が話題の中心になったことを喜びながら、自分のフリーの書き手としての生活に見切りをつけ、八五年春、ニッポン放送に再就職した。

一方、マガジンハウスの詩歌総合誌「鳩よ！」の編集長に認められた仙波龍英は、仕事の場を広げた。八七年には俵万智『サラダ記念日』が大ヒットして、「ライトヴァース」のブームが起こり、仙波龍英もその中心的存在と目されたが、彼はむしろ不機嫌だった。「ライトヴァース世代ということで、一緒くたにされているんだよね。レトリックも文体も、方法論もぜんぜんちがうのに」と、たまたま電話をかけた藤原にこぼした。

それでも九二年、写真家の荒木経惟《のぶよし》と組んだ第二歌集『墓地裏の花屋』を刊行して荒木とトークイベントを開催したり、その美男ぶりを活かして真っ白なスーツ姿で雑誌のグラビアページに出たりもした。さらにホラー小説を刊行、歌人から小説家へとなりかわりつつあった。仙波が短歌から距離を置くようになると、かわりに自分が、という使命感に似た思いに襲われた藤原は、ラジオ局に勤めながら、八九年に第一歌集を上梓、九〇年には「ラジオ・デイズ」三十首で短歌研究新人賞を受賞した。

空き缶の海で「あとは泣くだけ」

九三年四月、短歌同人誌の編集者が、北千束の大きな家にひとり住む仙波龍英を訪ね、一問一答のようなインタビューをした（高田流子「墓地裏にひそむ三月兎」）。このとき彼は四十一歳である。

〈――生まれ変わるとしたら何になりたい？

「お金持ちの仙波龍英になりたい」

――世の中に対する一番の不満は？

「不満、ええと何故この天才がこのように不遇なのか！」

——世の中で何が一番恐いですか？

「歳をとること、病気をすること、死ぬこと、地震、あっそうだ、ホームレスになること」

——いま大声で叫ぶとしたら何と？

「金がほしぃー！」

——自分の短歌で一番好きなものを一首。

「自分の短歌なんかみんな忘れているけど唯一覚えてるのが〈人生は一に健康二にお金三に愛情あとは泣くだけ〉というのがある〉

その時期、藤原龍一郎は仙波龍英と疎遠であった。それでも、仙波と同棲していた女性が出て行き、彼がその衝撃からか酒浸りになっている、といった噂は聞こえてきた。まれにかかってくる電話の仙波は呂律がまわっていなかった。

九六年になって、藤原は「短歌人」の同人女性といっしょに北千束の家を訪ねてみた。

「鍵がかかっていなかったので、勝手に家に入った。声をかけると洋室から仙波龍英の声が聞こえた。洋室のドアをあけると、壁の隅のベッドに、ジャージ姿の彼が横たわっていて、そのまわりに異様な光景が広がっていた。床はまったく見えず、おとなの膝の高さくらいまで、地層のように何かが床に堆積していた。それは缶ビールの空き缶だった。どうしたのかと聞くと、外に捨てに行くのが面倒なので、床に放り出すということを続けるうちに、こんなになってしまったのだという。それにしても床上四十センチくらいの層ができるまでの量の空き缶とは想像を絶する」(藤原龍一郎「メモワール仙波龍英」)

藤原龍一郎と同行した女性はコンビニでゴミ袋を買ってきて、缶を片付け始めた。

「仙波はベッドに横たわったまま動かない。顔は蒼ざめていて、体力が衰えているのだろう。手伝いたくても起き上がることができないようだ。とはいえ、缶ビールは買いに行っているはずだから、筋道は通らない」

床が見えるようになるまで二人がかりで三時間かかった。床には二年前の新聞が埋もれていた。同棲していた「管理人さん」が自分に愛想を尽かして出て行った日の新聞だ、と仙波はいった。

このまま仙波を放置すれば、栄養失調で命の危険がある、と判断した二人は、仙波の次姉に連絡をとった。現状にまったく気づいていなかった姉はすぐに実家を訪ね、半死半生の弟を入院させた。ある程度体力が回復したところで、自分の住まいに近い立川のマンションに弟を入れ、アルコール依存症の治療を受けさせた。

入院中の九六年九月の日記に、こんなくだりがあった。このとき仙波龍英、四十四歳。

〈これだけの不安のさなかにいながら管理人さんのことを想っている自分にガクゼンとした瞬間が、ちょっと前である。「そんなにも愛していたのか！」――改めてそう思うと、彼女という記憶

がぼくの頭から完全に消えない限り、ぼくのこの病気は治らんな、と思う〉

その時期、藤原は仙波からの電話を受けたが、もう呂律はおかしくなく、長編ホラー小説を書き始めたともいっていた。しかし結局会わぬまま訃報に接した。

二〇〇〇年四月十日、部屋で亡くなっているのが見つかったというから、亡くなったのはもう少し前かも知れない。本名・仙波龍太、四十八年の生涯であった。

梶山静六

マスコミが聞き流した公式答弁

〈自民党政治家〉

■かじやま・せいろく
■ 2000年6月6日没(74歳)
■閉塞性黄疸

一九九八年七月は梶山静六死去の二年前である。第十八回参院選敗北の責任をとって当時の橋本龍太郎首相が退陣を表明、自民党総裁選が行われることになった。竹下登、野中広務が推す小渕恵三が名のりを上げると、梶山静六は小渕派を離脱して自ら立候補に踏み切った。無派閥の総裁候補は初である。もう一人の候補は三塚《みつづか》派の推す小泉純一郎であった。

この選挙戦を、「ワンワード・ポリティックス」が巧みな田中真紀子は、「凡人(小渕)、軍人(梶山)、変人(小泉)の争い」と評した。竹下派全盛期に金丸信が自派の実力者を評して、「無事の橋本、平時の羽田(孜《つとむ》)、乱世の小沢(一郎)、大乱世の梶山」といったことがあり、田中真紀子の形容はその変奏であった。

「軍人」とは、旧制中学を出た梶山静六が陸軍予科士官学校から陸軍航空士官学校に進んだ経歴を揶揄した言葉である。梶山は課程修了前の十九歳で終戦、日大工学部に入り直して土木工学を学んだ。不良債権処理を積極的に進める「ハードランディング」を総裁選で訴えた梶山は、大方の予想を裏切って健闘、小渕にはおよばなかったものの小泉を上回って二位となった。

その一年前、梶山静六は「わが日本経済再生のシナリオ」(「週刊文春」九七年十二月四日号)を発表している。

それは「バブル」時代の負の遺産、百二十兆円以上の不良債権に苦しむ銀行を再編、「金融システム」の安定化を最優先するという大胆な提言であった。そのためには徹底した「ディスクロージャー(情報開示)」を実行して銀行経営者に私財没収を含む責任を取らせ、そのうえで大規模な資本注入を行うという大胆な構想であった。相次ぐ銀行破綻の結果、この構想の基本路線は政府に採用されたが、週刊誌上で提唱された政策の採用は前代未聞であった。

「ホトケの六さん」から「武闘派」へ

梶山静六は一九五五年、二十九歳で茨城県議に当選して政治家としてのキャリアを始めた。六九年、田中角栄から直接誘われて第三十二回衆院選に出馬、四十三歳で初当選した。綿貫民輔、林義郎、森喜朗、浜田幸一らと同期である。自民党内では佐藤栄作派に属し、ついでそれを継承した田中派に属した。

ロッキード事件で逮捕された田中角栄が出所する日、「ヤクザだって親分が出所するときは迎えに行く」とうそぶき、率先して出迎えた。それがたたって、七六年十二月の衆院選では落選した。だが七九年の衆院選で雪辱を果たし、八五年、田中に叛旗をひるがえした竹下登を総裁候補に立てる創政会に参加して、小渕恵三、橋本龍太郎、羽田孜、渡部恒三、奥田敬和、小沢一郎とともに「竹下派七奉行」と呼ばれた。八七年十一月、竹下内閣の自治大臣兼国家公安委員長として初入閣した。

県議時代は「ホトケの六さん」と呼ばれる温厚な人柄で知られたが、七六年の落選以後は、政策を前面に立てて一歩も退かない「武闘派」政治家に変身していた。

九二年、竹下派会長金丸信が東京佐川急便事件で政界を引退すると、派の後継者に小渕を推す梶山は、羽田孜を推す小沢一郎とはげしく対立して「一六戦争」といわれ、「七奉行」も分裂した。

小渕が後継会長に決まったとき小沢、羽田は派内で新たにグループを旗揚げ、梶山が自民党幹事長になると政治改革を訴え九三年六月に離党した。同年八月、細川護熙連立内閣が成立して自民党は下野、梶山はその責任をとって幹事長を辞任した。

九六年一月、橋本内閣誕生の立役者として内閣官房長官に就任、同年の総選挙後、かつての政敵小沢一郎の率いる新進党との「保保連合」を模索した。しかし橋本と竹下が、加藤紘一・野中広務の「自民・社会・さきがけ」連合派に軸足を置いたために果たさず、九七年九月、閣外に去った。

マスコミが聞き流した公式答弁

梶山静六のもっとも印象に残るシーンは、一九八八年三月二十六日、参議院予算委員会における国家公安委員長としての答弁だろう。

共産党議員の質問者は、七八年七月から八月にかけ、福井県、新潟県、鹿児島県で発生した若い男女の行方不明事件、富山県での男女拉致未遂事件について質問し、また大韓航空機爆破犯・金賢姫に日本語を教えた「李恩恵」は、拉致された日本人女性(田口八重子さん)ではないか、と質した。

このとき梶山静六国家公安委員長は、以下のように答えた。

「昭和五十三年以来の一連のアベック行方不明事犯、おそらくは北朝鮮による拉致の疑いが十分濃厚でございます。解明が大変困難ではございますけれども、事態の重大性に鑑《かんが》み、今後とも真相究明のために全力を尽くしていかなければならないと考えておりますし、本人はもちろんでございますが、ご家族の皆さん方に深いご同情を申し上げる次第であります」

日本政府が北朝鮮による国家的拉致テロをはじめて認定した公式答弁であった。

梶山につづいて宇野宗佑外相が「まったくもって許しがたい人道上の問題」と、林田悠紀夫法相が「我が国の主権を侵害する、まことに重大な事件」と述べた。それまでも北朝鮮によるテロという観測はあったものの、若い男女を拉致する理由がわからず、朝鮮研究者でさえ断定しきれなかった。それを日本政府が公式に認め、北朝鮮は「無法な暴力国家」であると宣言したのである。

韓国の朴正熙政権を「軍事政権」として嫌うあまり、金日成の北朝鮮を「自主独立路線の国」とマスコミ主導で不当に持ち上げてきた日本社会に、八四年頃から北朝鮮への疑念が生じていたとはいえ、いまだ圧力団体としての朝鮮総連が影響力を持つこの時期の政府答弁は勇気あるもので、戦後史における画期といえた。ただしこのときはまだ、新潟市の中学生、七七年当時十三歳の横田めぐみさん拉致が北朝鮮の犯行だとはわからず、拉致テロの全貌も不明であった。

だが、この重大な発言にマスコミはまったく反応しなかった。

新聞は衆院予算委員会における梶山国家公安委員長の答弁をベタ記事で載せ、なんら後追い取材をしなかった。といって梶山答弁を不当だと非難したのでもなかった。日本のマスコミには、何が重要かというセンサーと調査への意欲、その両方が決定的に欠けていたのである。

〝道州制〟構想半ばに倒れる

九〇年代なかば、横田めぐみさんも北朝鮮の拉致テロ被害者であった疑いが濃厚になってもマスコミの態度はかわらず、二〇〇二年、小泉訪朝に際して金正日が拉致を認めたときも、北朝鮮の発表(テロリストの虚偽自白)を鵜呑みにするばかりであった。

梶山静六はその晩年、わが国の累積債務六百兆円(当時)という膨大な借金を処理するには、「国の枠組と地方の統治機構を抜本的に改革し、〝道州制〟を実現する以外に道はない」と考え、これも週刊誌に発表した。

全国に十程度の「州」を置く。国の役割を、外交、防衛、危機管理などに限定し、公共事業、各種許認可、インフラ整備等は州に一任する。さらに、州に課税権を与えて「財政再建税」を新設、国の借金を長期返済するという構想であった。

二〇〇〇年一月三十日、車で上京しようとした梶山静六は追突事故にあった。たいした怪我もなく一見無事であったが、医者は十日か二十日したら症状が出るかも知れないといった。

二月十九日の朝、なかなか起きてこなかったのが異変の始まりであった。国立がんセンター中央病院に入院することに決めた彼は、それが長期にわたる可能性があると見て、自分で削った鉛筆一ダース、ノート、手帳、国会便覧を入院用の手荷物に加えた。

一時体調回復したかに見えたものの、しだいに黄疸症状が出て、四月二十五日に政界引退を表明した。梶山静六が閉塞性黄疸で亡くなったのは六月六日、七十四歳であった。

青江三奈

〈歌手〉

歌えさえすれば「あとはおぼろ」で構わない

■あおえ・みな
■ 2000年7月2日没(59歳)
■膵臓がん

歌手・青江三奈のデビュー曲は一九六六(昭和四十一)年五月、「恍惚のブルース」(川内康範作詞、浜口庫之助作曲)であった。声量豊かなのにハスキー、独特の声で歌われたこの歌は八十万枚を売った。煽情的なタイトルと歌詞に私は、「ソクブツテキ」という感想を抱いたが、この歌手はうまいとも思った。性的な言葉に反応したがるのは男子高校生の常で、歌詞中にある「あとはおぼろ」は流行語となった。

その年、川内康範が「週刊新潮」に連載した「恍惚」という小説が映画化されることになり、主題歌は新人に歌わせたらどうかという意見が出た。そこでレコード会社のディレクターが、うまい女性歌手が出ていると聞いた「クラブ」へ行ってみた。酒席で接待する女性がいて、ダンスができる広いフロアがある。フルバンドとコンボが入って専属歌手が歌う。そんなナイトクラブは一九五〇年代から六〇年代にかけての流行であった。

「ナイト&デイ」というクラブで鈴原志真という歌手の歌を聞いたディレクターは、この子にしようと即座に決めた。そして、小説「恍惚」の主人公歌手の名前、青江三奈をあたらしい芸名として彼女に与えた。青江三奈自身は「歌えれば満足」という欲のないタイプで、スタッフに愛されたクラブに「またすぐ戻ってくるわ」といってメジャーデビューしたが、二度と戻ることはなかった。

彼女のデビュー間もない頃、ラジオ番組で歌手のフランク永井が、最近注目すべき歌手は?と問われ、「青江三奈だね、あの子はとてもうまい」と即答していたことを思い出す。

青江三奈「恍惚のブルース」の翌月、森進一という悲壮な表情の美男歌手が「女のためいき」(吉川静夫作詞、猪俣公章《いのまたこうしょう》作曲)という曲でデビューした。森進一の声もまたハスキーで、演歌というよりブルースのにおいがした。このふたりをまとめて、レコード業界は「ため息路線」と呼んだ。

「ナンパ」されてキャリアを始める

青江三奈は東京生まれ、江東区砂町の洋品店の娘であった。高校時代から銀座のシャンソニエ「銀巴里《ぎんパリ》」で歌いながら、シャンソンとジャズの個人レッスンを受けていたというから、貧しい境遇ではなかったようだ。高校を卒業すると池袋・西武百貨店の化粧品売り場で働いたが、当時の彼女は「田舎娘」の印象が強かった。

間もなく、売り場で十歳ほど上の青年に同僚が「ナンパ」され、その同僚は彼女もデートに誘った。音楽に志のあったその鈴木という青年に水を向けられた彼女は、歌は好きだが、美空ひばりと島倉千代子で育ったようなものだから、歌謡曲しか歌えない、といった。だが鈴木が試しにラテンの「タブー」を歌わせてみると、みごとに歌いきったばかりか、意図して調子を変えても、最後までついてきた。尋常ではない才能を感じた鈴木は、自分が関係していた巣鴨のピアノバーで彼女の終業後にレッスンすることにした。翌年西武百貨店を辞めさせて鈴原志真という芸名のクラブ歌手にした。自分の名前鈴木と彼女の本名井原(静子)の合成であった。間もなくふたりは大井町のアパートの四畳半で同棲、それは十七年の長きにおよんだ。

「私はただ歌が歌えれば幸せだったので、野越え山越え、呼ばれれば何処へでも、何時間かかっても行きました」

そう語っていた青江三奈だが、「恍惚のブルース」のヒットで、「野越え山越え」出かける必要はなくなった。六八年には、「伊勢佐木町ブルース」(川内康範作詞、鈴木庸一作曲)が百万枚売れた。冒頭のセクシーな「ため息」で知られる歌だが、当初はドラムソロだけだった。それでは寂しいと感じたディレクターが、レコーディングの現場で青江に「ため息」を注文したのである。川内康範との仕事は、だいたいこの曲で終ったが、同年、「長崎ブルース」(吉川静夫作詞、渡久地《とくち》政信《まさのぶ》作曲)が百二十万枚売れた。六九年には同じ作詞作曲の「池袋の夜」が、「池袋」という東京ローカルな地名を冠したにもかかわらず百五十万枚を売って、彼女はこの年、全歌手中売上げ一位となった。

紅白歌合戦の初出場は六六年で、六八年と六九年、二年連続で日本レコード大賞歌唱賞を受賞した。

紅白歌合戦には六八年から八三年まで十六年連続出場、九〇年が最後の出場であった。六八年の紅白では「伊勢佐木町ブルース」を歌ったが、このとき曲中の「ため息」はカズーの音に差し替えられ、司会の坂本九が「ダチョウのため息」と形容した。しかし八二年、同じ歌を歌ったときは、青江三奈自身の「ため息」が流された。

突然の発病と「臨終婚」

その後も実力派の歌手として活動をつづけ、八四年にはブラジル公演、九三年にはニューヨークでジャズのライブ公演などを行った青江三奈だが、九八年秋、突然背中に激痛を覚えた。

更年期障害かとも思ったが、病院で診てもらうと、どこにも異常はないといわれた。しかし九九年一月二十三日、渋谷公会堂でのコンサート中に再び激痛に襲われた。港区の北里研究所病院に行き、やはり全身にこれといった異常は見られないと診断されたが、ひとつだけそれまで調べていなかった臓器、膵臓を検査して、がんが見つかった。二月五日に執刀された手術は九時間におよんだ。

術後の経過は順調で、四月二十四日退院。抗がん剤の投与をつづけながら復帰に向けての準備をしていた翌二〇〇〇年二月、転移がみとめられて再入院した。

青江三奈は健康オタクだった。十年前に禁煙、酒はもともとビールの小瓶一本程度しか飲めなかった。常に多くの薬を携帯していて、調子が悪いとすぐに服用した。歌ってさえいれば上機嫌、うるさいことを言わぬ気さくな「下町の姉御」歌手として知られていた彼女の趣味はゴルフで、よく泊りがけで出かけていた。そんな自分がなぜ膵臓がんに、と悲しんだ。

再入院から退院した頃であっただろうか。彼女は十九年前に別れたかつての同棲相手鈴木に電話した。鈴木は彼女と同棲しながら花礼二という名前で歌謡曲の作曲家となり、青江三奈の歌もつくった。しかし一九八一年初めに別れ、それきりになっていたのである。その間、相当に困難な暮らしをしていたようすの彼は、すぐに目黒の彼女の家にやってきた。

彼は携帯を持たされて別室で寝た。「ピンクパンサー」の着信音が夜中に鳴ると起き出し、痛みに耐える青江の背中をさすった。

二〇〇〇年五月なかば、花礼二は青江三奈との婚姻届を提出した。どちらが言い出したかわからない。そのひと月半後の七月二日、青江三奈は亡くなった。

当初「享年五十四歳」と報道されたが、間もなく「五十九歳」と訂正された。デビュー時にレコード会社が「一九四五年七月七日生まれ」と四歳二ヵ月サバを読ませていた。青江三奈自身、亡くなるまでその年齢でとおしていたが、ほんとうは「一九四一年五月七日生まれ」で、「恍惚のブルース」でのデビュー時は二十歳ではなく二十四歳であった。

結婚していたことが青江の親族に明らかにされたのは通夜の席である。週刊誌は、三億円を超えるといわれた遺産狙いではないか、という非難をこめて「臨終婚」と書いた。もともと青江三奈の遺志を疑っていた川内康範は、「こんな恥知らずなマネができるのは、花礼二が三奈をしゃぶり尽くしたヒモだったから」(「週刊新潮」二〇〇〇年七月二十七日号)という苛烈なコメントを寄せた。

いまも横浜に流れる「六八年」のブルース

すぐに青江のきょうだいたちとの争いが始まったが、翌年、花礼二がそれぞれに数百万円払うことでいちおうの和解を見た。しかし、守りつづけると約束した青江の目黒の家を花礼二が売ってしまったことに対し、親族は強く反発した。すると花礼二は、「目黒の家だって俺が建てたんです。金を出したのは三奈だが、その三奈を作ったのは俺なんだから」(「週刊新潮」二〇一一年七月十四日号)と居直るような発言をした。

彼は熱海の高台にある月二十万円の借家に住み、家の中に五十着以上の青江の衣裳と靴を飾り、その保守のためのファンと除湿機を常時稼働させながら、家賃の支払いにも苦慮しながら青江の思い出とともに暮らしている——と二〇一一年の週刊誌にはあった。このとき七十九歳であったはずだが、その後の彼の消息は知られない。

横浜・伊勢佐木町に程近い野毛のバー「山荘」は一九五五年開店の古い店で、多様なカクテルで知られている。店内には古典的タイプのジュークボックスが置かれていて、いまも七インチ版レコードで「伊勢佐木町ブルース」を聞くことができる。青江三奈の若い声とともに、「一九六八年」そのものが立ち上がってくるかのようだ。

吉田清治

「謝罪業」

〈社会運動家？　小説家？〉

「望郷の丘」に設置された謝罪碑

■よしだ・せいじ
■2000年7月30日没（86歳？）
■直腸がん、結核性肺炎

一九八三年十二月二十三日、韓国忠清南道天安市郊外「望郷の丘」に自ら設置した「謝罪碑」の除幕式で、樺太残留韓国人の遺家族らを前に、吉田清治は突然土下座して詫びた。このとき七十歳、吉田清治の除幕式での言葉は、現地取材した朝日新聞（八三年十二月二十四日）によるとつぎのようなものであった。

「私は戦前数多くのあなた方を強制連行した張本人です。すでに三十八年の歳月が流れ、私一人だけのおわびではありますが、自責の念で死ぬにも死ねない気持ちでやってまいりました」

つづけて彼は、「謝罪碑」に自らが記した碑文をゆっくり読み上げた。

「あなたは日本の侵略戦争のために徴用され強制連行されて、強制労働の屈辱と苦難の中で、家族を想い、望郷の念も空しく、貴い命を奪われました。／私は徴用と強制連行を実行指揮した日本人の一人として人道に反したその行為と精神を深く反省して、謹んで、あなたに謝罪いたします。／老齢の私は死後も、あなたの霊の前に拝跪して、あなたの許しを請い續けます」

この五ヵ月前の八三年七月、吉田清治は戦時中の自分の所業を懺悔した『私の戦争犯罪　朝鮮人強制連行』(三一書房)を刊行していた。それは吉田の二冊目の著作だが、そのなかに、山口県労務報国会・下関支部で動員部長をつとめていた彼が、一九四三(昭和十八)年五月、軍命令に従って朝鮮・済州島に完全武装の軍人十人とともにおもむき、二百人の女性を「皇軍慰問女子挺身隊」の名目で慰安婦として戦地に送るために「狩り出し」を行ったという記述があった。

忠清南道天安にある、日本軍と日本人による暴虐のジオラマ展示で知られた独立記念館は、「吉田謝罪」の四年後、八七年につくられた。吉田清治が「謝罪碑」を設置した「望郷の丘」は独立記念館から車で二、三十分とかなり離れた場所にあり、ソ連軍による大韓航空機撃墜事件、北朝鮮による大韓航空機爆破事件などの犠牲者、および海外で亡くなった韓国人の墓標が立ち並ぶ。

もともとは「民団(在日本大韓民国居留民団)」が朴正熙大統領時代の韓国政府に働きかけた結果、七六年に造成された国立墓地である。この頃まで、民団は在日コリアンの死を、「望郷」の思いを残した「客死」ととらえていたのである。在日コリアン中に一世が占める割合が少なくなかったからだが、現実の在日社会は当時すでに二世が中心、三世まで広がっていた。彼らには「望郷」の念は薄いか、または皆無だった。むしろそのような実情への危機意識こそが、民団に「望郷の丘」の建設を請願させた動機であろう。

「慰安婦狩り」の「告白」

吉田清治と軍人らが、済州島の「塩乾魚の製造工場」を襲った光景は吉田の著作に以下のように記された。

「隊員に肩をつかまれた若い娘が、悲鳴をあげて隊員の手を振り払った。年取った女が、娘を抱きしめて叫び立てた。隊員は年取った女を突きとばし、娘の顔を、音を立てて平手打ちした。女たちの群れが、かんだかい声でわめきたてると、隊員たちが怒号して襲いかかった。隊員に反抗してはげしくもみあい、服が裂け、胸もとが裸になった娘が泣き叫んで、塩かますにしがみつくと、隊員に腰を蹴られて床に転がった」

この本を出版する三年前の一九八〇年、吉田清治は朝日新聞川崎支局に「朝鮮人の徴用について自分はいろいろと知っているので、話を聞いて欲しい」と「売り込み」の電話をかけている。会ったのは前川恵司記者で、話につじつまの合わない部分もあると感じたものの、折から川崎・横浜東部版に連載中の「韓国・朝鮮人2」第二十七回に、「命令忠実に実行」「抵抗すれば木剣」という見出しの記事で吉田証言を使った。これが吉田清治の朝日新聞に登場した最初であった。

八二年から吉田清治はしばしば講演を行い、それもまた朝日新聞に出た。大阪浪速解放会館で行われた講演を報告した記事(大阪本社版朝刊社会面、八二年九月二日)によると、彼は「体験したことだけお話しします」と前置いて、四二年に山口県労務報国会・下関支部の動員部長に就任して以来、「三年間、十数回にわたり朝鮮半島に行った」「直接指揮して日本に強制連行した朝鮮人は約六千人、うち九百五十人が従軍慰安婦」と語っている。

四三年初夏、完全武装の日本兵十人が同行した済州島における「狩り出し」の語りはもっとも具体的で、朝日記事にはこうある。

〈集落を見つけると、まず兵士が包囲する。続いて吉田さんの部下九人が一斉に突入する。若い女性の手をねじあげ路地にひきずり出す。こうして女性たちはつぎつぎにホロのついたトラックに押し込められた。連行の途中、兵士たちがホロの中に飛び込んで集団暴行した。ボタン工場で働いていた女子工員、海岸でアワビを採っていた若い海女……。連日、手当たり次第の「狩り出し」が続いた〉

〈約一時間、淡々と、ときに苦悩の色をにじませながら話す吉田さんは「かわいそうだ、という感情はなかった。徹底した忠君愛国の教育を受けていたわれわれには、当時、朝鮮民族に対する罪の意識を持っていなかった」と声をふりしぼった〉

翌八三年十二月、渡韓した吉田清治が謝罪碑の前で土下座したときの朝日新聞の記事の見出しは、「たった一人の謝罪」「韓国で『碑』除幕式」であった。

その後も日本のマスコミは吉田清治を取り上げつづけたが、八九年に『私の戦争犯罪　朝鮮人強制連行』の韓国語訳が刊行されると、慰安婦問題のイニシアティブは韓国に移った。

「吉田証言」から「村山談話」へ

一九九〇年五月、韓国の女性団体が日本政府に補償と謝罪を求める声明を出し、同年十一月、「韓国挺身隊問題対策協議会」が発足した。

九一年八月、朝日新聞の植村隆記者が元朝鮮人慰安婦の証言を紙面に載せ、十二月、元慰安婦三人が補償と謝罪を日本政府に求めて東京地裁に提訴した。

日本側も韓国の動きに反応せざるを得ず、九二年一月、加藤紘一官房長官が、「慰安婦の募集などに日本軍の関与があった」として謝罪した。同月、宮澤喜一首相が訪韓、盧泰愚大統領との会談中に八回謝罪した。

その年七月、政府は戦中の慰安所に関する調査結果を発表し、慰安所の経営、監督、衛生管理などでは政府の関与を認めたが、「強制連行」は認めなかった。

しかし九三年八月、慰安婦募集に際しての「強制性」を認めた「河野洋平官房長官談話」を、また九五年八月には時の自社さきがけ連合政権・村山富市首相が、「痛切な反省の意を表し、心からのお詫びの気持ち」を表明する「村山談話」を発表した。

九六年四月、国連人権委員会が、「性奴隷」たる慰安婦は「二十万人」であったと記述した「クマラスワミ報告書」を採択した。九八年八月には国連人権委員会は、慰安所を「レイプ・センター」と表記した「マクドゥーガル報告書」を採択したが、これらは吉田清治の「告白」から派生したのである。

「日本人の悪辣な商魂のあらわれ」

九二年、吉田証言に対して重大な疑義が投げかけられた。

軍が半官半民の労務報国会に命令を下し、報国会の一職員である吉田清治が現地に乗り込んで「慰安婦狩り」に従事することなど命令系統上あり得ない、また朝鮮での労務者の募集・徴用は朝鮮総督府の管轄だから内地の団体が関係することはできない、としてもとより吉田告白に強い疑いを抱いていた歴史家・秦郁彦が済州島現地調査を行い、その結果を九二年四月、産経新聞紙上に発表したのである。

秦郁彦がどの集落で聞き取りをしても「慰安婦狩り」の事実は出てこなかった。それどころか、済州島の地元紙記者が吉田証言の跡付け取材を実行したが、どこにもそのような事実はなかったとした記事を現地で発見した。さらに、独自調査の末に吉田清治証言は捏造であるとした現地の郷土史家が、吉田の「告白」を「日本人の悪辣な商魂のあらわれ」とはげしく非難していた事実をも秦郁彦は知った。

外地派遣軍は、若い日本兵の現地での性的暴力を予防するための装置として基地近辺での慰安所の営業を認めたが、「慰安婦」は日本人と朝鮮人の民間業者が集めて現地に引率したもので、当時合法であった組織的売春の延長としての民間施設であった。

だが、戦争と慰安婦の記憶は風化し、まったく別の「物語」として語られる時代に移った。その契機は、一九六五年、朝鮮大学校教員であった朴慶植が未来社から刊行した『朝鮮人強制連行の記録』である。

「強制連行」とは、おそらく警察用語の「任意同行」の対語として朴慶植が発想したもので、「徴用」を意味するトートロジーの造語だが、これ以後頻繁に使われるようになる。また「従軍慰安婦」はジャーナリストの千田夏光《せんだかこう》が七〇年代初め、「従軍記者」「従軍看護婦」という歴史用語からの連想で造語した。

韓国ではもっぱら慰安婦の意味で不用意に使われた「女子挺身隊」とは本来、高等女学校や女子専門学校生徒の工場への勤労動員のことで「慰安婦」とは関係がない。しかし「歴史的事実」より「反日情緒」が重んじられる韓国では、そんな明白な間違いでもたやすく流布した。そして、それがあらたな「集団的記憶」を造成するのである。

「文筆活動」は四十代後半から

吉田清治の経歴にははっきりしないところがある。一九一四年、山口県出身と自称していたが、出生は福岡県鞍手《くらて》郡宮田町で、本籍は遠賀《おんが》郡芦屋に置かれていた。本名は吉田雄兎《ゆうと》、一九三一年、門司市立商業学校卒業という。たしかに卒業生名簿に吉田雄兎の名前はあるのだが、この吉田雄兎は卒業した年に亡くなっている。果たして吉田清治は吉田清治なのか。

満洲で長く仕事をしたせいで中国語に堪能、戦中、中華航空上海支店に勤務していた折、アヘンの密輸に関係して軍法会議にかけられて刑務所に入り、出所後すぐに労務報国会に入ったとは本人の説明だが、民間人が軍法会議にかけられることはあり得ないし、刑務所を出てすぐ半官半民の団体に採用されるとは不自然のそしりを免れ得ない。

戦後の四七年春、下関市議選に共産党から立候補して惨敗したあと、肥料会社を経営したり、在日朝鮮人経営のパン屋に勤めたりしたが、いずれも短期間に終った。その後、五十歳過ぎに化学工業会社の寮の住み込み管理人になるまでの職歴は不明だ。

ただ文章を書くことに興味と才能があり、四十代後半、ＮＨＫラジオの懸賞「ラジオと私」に応募して賞金十万円を得たり、五十歳で「週刊朝日」の懸賞論文で佳作となったりしたという。その延長として、六十三歳のときの『朝鮮人慰安婦と日本人』(七七年)、六十九歳での『私の戦争犯罪 朝鮮人強制連行』(八三年)の刊行だったかと思われる。

「謝罪」は誰のためだったか

九二年の秦郁彦の現地調査によって「吉田告白」はフィクションだと証明されたのだが、その年にも吉田は渡韓、元慰安婦の金学順に土下座して謝罪した。九三年、韓国政府は日本政府に対し、日本の教科書に慰安婦について記述することを求め、日本政府は応じた。

しかし吉田清治自身、九五年一月「週刊新潮」のインタビューに、「私がこれ以上言うと、元慰安婦や家族の方に迷惑がかかる。デッチ上げといわれても構いません。私の役目はもう終ったのですから」とこたえ、著書が創作であったことを認めている。

さらに九六年五月、「週刊新潮」の再度の取材に対しては、こう語った。

「まあ、本に真実を書いても何の利益もない。関係者に迷惑をかけてはまずいから、カムフラージュした部分もあるんですよ」「事実を隠し、自分の主張を混ぜて書くなんていうのは、新聞だってやることじゃありませんか」

九八年、秦郁彦は電話で吉田に、「著書は小説だった」という声明を出したらどうか、と勧めた。すると吉田は、「人権屋に利用された私が悪かった」と口にしながらも、「私にもプライドはあるし、八十五歳にもなって今さら……このままにしておきましょう」とこたえるにとどまった。

朝日新聞は九七年三月、「(吉田の著書を)裏付ける証言は出ておらず、真偽は確認できない」としたが、訂正記事は出さなかった。だが十七年後の二〇一四年八月、「慰安婦問題を考える」という記事を掲載して、吉田証言とそれに基づく記事十六本を取り消した。さらに「慰安婦」と「挺身隊」の混同を認め、謝罪した。

二〇〇〇年七月三十日、吉田清治はひっそりと亡くなった。戸籍によると八十六歳であった。

韓国ではいまだに「吉田証言」を事実だと受け取る向きがある。日本に「謝罪業」という特殊な職業が一時的にも成立し、作話の「告白」によって「自己実現」をはかる人がいるとは理解しがたいのであろう。


二〇一五年、慰安婦問題は「最終的かつ不可逆的に解決されることを確認」という日韓合意がなされた。にもかかわらず、二〇一七年、朴槿恵大統領が収賄などの容疑で逮捕されて文在寅大統領にかわると、「合意」は一方的に破棄され、韓国国内のみならず世界各地に「慰安婦像」が設置されるに至った。

二〇一七年三月、韓国・天安市の「望郷の丘」にある吉田清治の「謝罪碑」の表面に、「慰霊碑」のそれに書き換えた石板を貼り付けた六十九歳の元自衛官が、韓国で在宅起訴された。「在宅」といっても出国は許されないから、天安市のビジネスホテルに長期滞在を余儀なくされたのである。

嘘があのまま残るのは耐えがたい、何とかならないだろうか、という吉田清治の長男英治氏の依頼を受けての行為であった。九ヵ月後の二〇一八年一月、韓国の裁判所は、碑は吉田英治の所有物ではあっても公共機関が使用する物件を棄損した罪には問われる、しかし元自衛官が韓国警察に自ら出頭したことなどの情状を酌量するとして、懲役六月、執行猶予二年の判決をくだした。

大貫久男

筋骨隆々の心筋梗塞

〈路上で一億円拾った
トラックドライバー〉

■おおぬき・ひさお
■2000年12月2日没(62歳)
■心筋梗塞

トラックドライバーの大貫久男が銀座・昭和通りの路上で一億円を拾ったのは一九八〇(昭和五十五)年四月二十五日の午後六時過ぎだった。

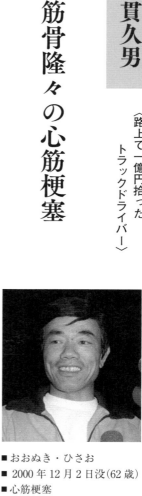

路肩のガードレールの支柱上に風呂敷包みが載せてあるのが見えたので、仕事帰りの大貫久男は車を停めて拾い、カラの荷台に放り込んだ。風呂敷包みとは妙ではあったが、本人は古新聞の束と思っていたという。このとき四十二歳で錦糸町住まい、日頃から娘が参加する子ども会に協力していた彼は、一キロ十八円と高値を呼んでいた古新聞を売って寄付の足しにしようと、ほとんど反射的な行動であった。

帰宅して銭湯から出てくると、妻が青い顔で立ちすくんでいた。風呂敷包みを解いたらお金が入っていたという。ビニールで包装された一千万円の束が十個、合計一億円であった。大貫久男はすぐに拾得物として警察に届けた。

政治資金、投資家グループのあやしげな金、一億円の出所は憶測を呼んだ。

拾得場所すぐ前のビルに事務所を持っていた仕手株グループが車で運ぼうとした五億円のうち、急ぎ過ぎて積み込み忘れた一億円ではないかといわれたが、「落とし主」はついに名のり出なかった。当時、落とし主が判明しない場合、拾得物は六ヵ月後に拾得者の所有に帰すことになっていた。それまでの遺失物の最高は七六年の千百万円だが落とし主が判明していた。一億円は破格であった。

八〇年十一月九日、一億円の所有権が正式に大貫久男に移った。十一月十一日、彼は早朝ジョギングの姿で警察署に出向き、一億円の小切手を受け取った。大貫久男自身の月収は二十五万円、年末宝くじの一等賞金三千万円の時代であった。

一億円を拾って以来、大貫久男の家には見知らぬ人々からの電話と手紙が相次いだ。多くは寸借の希望で、脅迫状がまじっていた。そのためナーバスになっていた彼は当初、身辺警護のためにガードマンを雇い、また防弾ベストを用意した。やがて脅迫も途絶え、大貫久男の生活は旧に復した。

堅実人生を見舞った二つの「意外」

一九三八年、栃木県の農家に生まれた大貫久男は中学を卒業すると上京、繊維問屋に住み込んだ。

五四年当時の小遣い銭は月に六百円、一日あたりなら二十円で一杯二十五円のラーメンに足りなかった。その後運送業に転じて結婚、三人の子どもに恵まれて堅実に仕事をこなしていたのだが、この記録的拾得物のせいで周囲あわただしく、会社を辞めざるを得なくなった。しかし騒ぎが沈静化したあとは、近くの別の運送会社に勤めてドライバーの仕事をつづけた。

マスコミが再び大貫久男に接近したのは八九年四月、川崎市高津区の竹やぶに捨てられていた計二億円以上が発見されたときである。彼の肩書は「拾得物評論家」であった。その後も思い出したように、週刊誌が「あの人は今?」と大貫に近づいた。

一時所得とみなされた一億円のうち、税金三千四百万円を一度に納めた。拾得翌々年に買った墨田区の3LDKのマンションが三千六百九十万円、これも現金で払った。残る三千万円から家族五人分の保険を一括前払いした。

そんな一億円の使い道と、「いまでもあの一億円は、コツコツとマジメに働いていた、わたしへの〝天からの恵み〟だと思っています」という本人のコメントは、それぞれ九一年、九五年、九八年、二〇〇〇年に取材された別々の週刊誌で、ほとんど一字一句違えず繰り返されている。偶然得た大金は、必ずや人生の失敗につながるはずだというマスコミの「期待」は裏切られた。取材が間遠になったのはそのせいだろう。

八一年に生まれた初孫の女の子は後年、吉本興業所属のお笑い芸人「タカダ・コーポレーション」の「大貫さん」の芸名で活動した。小学校時代の彼女が、おじいさんは一億円拾った人だと旧友に自慢してもまったくウケなかったのに、芸人になったのちは、客の年齢が高い浅草などではびっくりするほどウケた。そのときはじめて彼女は、おじいさんはエラかったんだなあ、と思った。

還暦を過ぎてからの週刊誌取材で大貫久男は、こんなふうに語っている。

すでに三人の子どもは独立して妻と二人暮らし、借金が生来嫌いで現金主義、株・不動産投資はプロ野球の江川、桑田、歌手の千昌夫を反面教師として手を出さない。趣味のテニスは区営コートの月五千円の会員となって、区のレベルでだがシニアクラスの強豪のひとりだ。好きな海釣りを月一、二回。六十歳で定年を迎えたが、社長に体力を買われていまも現役だ。一億円のうちからまとめ払いした個人年金が年百二十万円くるが、厚生年金と国民年金はまだもらっていない——。

二〇〇〇年七月のインタビューでは、年齢からくる衰えでテニスの大会では二回戦負けだ、と嘆いているものの、腹筋とダンベル上げは毎日百回以上、おかげで持病の腰痛を完治させたとも語って、その六十二歳の「筋骨隆々」を記者に誇った。しかしそれから五ヵ月後の二〇〇〇年十二月二日、大貫久男は心筋梗塞で亡くなった。本人にとってそれは、一億円拾得とおなじくらい意外だったただろう。

二〇一六年十二月二十六日、化学製品製造販売会社の株価を不正につり上げたとして一五年十二月に東京地検特捜部に起訴されていた加藤暠《あきら》が亡くなった。七十五歳だった。

一九七〇年代から八〇年代にかけて仕手集団「誠備《せいび》グループ」を率いて投機的な株取引を繰り返し、「兜町の風雲児」と呼ばれた加藤が一億円の「落とし主」ではないかといわれ、その金は政治家から集めた資金の一部だったので名のり出られなかった、とも噂された。拘留中に体調を悪化させた加藤は、二〇一六年九月に保釈され、そのまま入院していた。加藤の死で公訴棄却となり、裁判は終結した。

二〇〇〇年代に入ると現金拾得額は増加して年間百億円を超え、二〇一六年には百七十七億円におよんだ。百七十七億円のうち落とし主や遺族に戻されたのは約七割、五十三億円は不明のままだという。

二〇一七年には群馬県沼田市の取り壊された住宅のがれきの中から四千二百五十一万円の札束が見つかった。米びつの中のビニール袋やマッサージチェアの背もたれの内側に現金が敷きつめられていたケースもあった。それは独居高齢者の孤立死が増えた結果で、気づかれずに廃棄された現金も相当な額に上るはずである。

2001年に死んだ人々

並木路子
田山幸憲
山田風太郎
モハメド・アタ
古今亭志ん朝
張 学良
左 幸子

並木路子 〈歌手〉

「リンゴの唄」が決めた「昭和戦後」の色

■なみき・みちこ
■2001年4月7日没(79歳)
■入浴中に心筋梗塞

「リンゴの唄」は映画『そよかぜ』(一九四五年、松竹)の劇中歌、歌ったのは松竹少女歌劇団(ＳＫＤ)の並木路子である。戦後初制作にしてＧＨＱ検閲許可第一号、四五年十月十日公開の映画は忘れられたが、「リンゴの唄」は日本人に永く愛された。

「赤いリンゴに口びるよせて、だまってみている青い空」

単純だが巧みな歌詞(サトウハチロー)、軽快な曲(万城目正《まんじょうめただし》)、ひたすら明るく歌った歌手(並木路子)、「リンゴの唄」のすべてが「戦後」の解放感を象徴していた。四六年一月にやはり戦後第一号としてレコード化されたが、売上げは二年間で十二万五千枚と思いのほか少ない。物資不足の折、プレスできる数が限られていたからである。一時は「公定価格」の五倍以上の闇値がついた「リンゴの唄」だが、おもにラジオ放送で広く流布した。

ロケ撮影で合唱したのは「丘を越えて」

音楽劇場で照明係をつとめる母親の手伝いをしていた歌手志望の娘(みち＝並木路子)が全楽団員に推されてスター歌手となるという、けれんのないサクセス・ストーリーである『そよかぜ』(佐々木康監督)は六十分の歌謡映画であったが、上原謙と復員したばかりの佐野周二ら、松竹のスターが出演した。戦中のドイツ音楽映画『希望音楽会』(E・ボルゾディ監督)に刺激された企画だが、戦中には実現しなかった。

終戦からわずか十六日の一九四五(昭和二十)年九月一日、並木路子は「生徒監」の女性とともに松竹大船撮影所に出向いた。松竹少女歌劇からの指示で映画『そよかぜ』に出演するためであった。三六年に松竹少女歌劇学校に入学、このとき二十四歳になる直前の並木路子だが、それでも歌劇団員養成機関の「生徒」には違いなく、保護と監視とマネージメントを兼ねた生徒監と同行しなければならなかった。そういえば、と彼女は思い当たった。歌劇団の邦楽座公演の終る四五年八月初め、作曲家の万城目正と佐々木康監督が客席に来ていたのは、自分を見るためだったのか。

はるかのちの日本人は、そんな時期まで歌劇団が公演していたこと、戦争末期に音楽映画の企画が立てられていたことに、まず驚く。すぐに撮影に入った彼女は、秋田ロケにも出かけた。家庭の事情で秋田に行く母親に、歌手の夢をあきらめた「みち」も同行するという設定だった。そんな彼女を、佐野周二を中心に楽団員たちが秋田まで迎えに行くのである。

秋田ロケで「みち」は、地元の子どもたちと「リンゴの唄」を合唱する——はずだったが、万城目正の作曲ができない。何度催促しても届かない。サトウハチローの詞はすでに戦中に書かれていた。早撮りで有名な佐々木康監督だから、撮影は順調に進んで「みち」と子どもたちの合唱シーンを残すばかりになった。どうしてくれると責められた万城目正は、みんなで「丘を越えて」を歌ってくれ、といった。ただし、アップではなくロングで撮ること。

ようやくできあがってきた「リンゴの唄」をアフレコで入れた映画を見ると、なぜかみごとに口が合っている。並木路子は、万城目正は魔法使いではないかと思った。映画の公開は四五年十月十一日である。しかし物資不足のため二本しかプリントできなかった。

家族も恋人も戦争で亡くす

並木路子は本名小林庸子《つねこ》、東京・浅草で生まれた。幼時を台湾ですごし、五歳のとき東京に戻った。勉強は大嫌い、歌うのが大好きな小学生だった。小学校を卒業すると歌い手を志して声楽家の内弟子になったが、オペラ式の発声と音楽理論にはなじまなかった。

一九三六年、満十四歳で松竹少女歌劇学校四期生として入学した。この三六年二月二十六日、麻布歩兵第三連隊に所属していた並木路子の次兄は一兵卒として反乱に参加している。その後第三連隊は満洲に送られ、次兄は日中戦争初期に負傷した。

当時、松竹少女歌劇は男装の水の江瀧子を筆頭に全盛期を迎え、西の宝塚少女歌劇と繁栄を競っていた。しかし宝塚音楽歌劇学校の課程が二年間なのに対し、松竹少女歌劇学校は一年間、その一年間のうちにきびしい振り落としがあり、入学者八十人は一年後に十五人になった。三七年、並木路子は娘役としてデビューした。のち劇作家・加藤道夫夫人となった加藤治子、黒澤明夫人となった矢口陽子が同期である。

戦時中の四二年六月、彼女は松竹少女歌劇慰問団の一員としてフィリピンに行った。マッカーサーが取るものも取りあえず逃げ去って二ヵ月後、マニラのデパートは内地よりはるかに豊かだった。現地で映画『風と共に去りぬ』を見た慰問団一同は、深い感動を味わった。

だが四五年四月からの中支慰問はまったく別物だった。

その年三月十日の下町大空襲で並木路子は母を失っている。浜町の家から業火を逃れて隅田川に飛び込んだ瞬間、母の心臓は停止したのである。並木路子も溺れかけたが、見知らぬ人が強引に引き上げてくれた。数日後に母親の遺体が確認されたのは、娘の歌劇団の給料袋を腹巻におさめていたからである。

それから間もない時期であった。突然会社から呼び出され、中支派遣軍慰問団三十人のリーダー格のひとりとして、汽車で山口県宇部に向かった。そこでひと月も待たされた末に乗った船は敵潜水艦におびえながら朝鮮の港に着き、さらに十日ほども汽車に乗って上海にたどり着いた。並木路子たちが行かされた長江沿いの奥地は物資不足と危険のにおいに満ちていたが、上海は違っていた。まったく平和だった。別世界の趣きのあるフランス租界のクラブで、美しい李香蘭の歌を聞いた。団員たちがはじめて聞いたその「夜来香(イエライシャン)」という歌に心打たれたあまり、楽譜を借りてその場で写した。

中国で二十日余、ドイツ降伏の報に急遽帰国の運びとなった。来たときと同じような苦労を重ねて北九州に上陸、東京に着くと東京駅が消えてなくなっていた。五月二十五日の都心大空襲で焼亡したのである。七月から八月初めまで、歌劇団は邦楽座のステージに立った。そして終戦。その後も歌劇団員は中野の寮から築地まで集団で通ったという。胸につけていた血液型と住所をしるした名札をはずしたのは、やがてやって来るだろう占領軍に読まれないように、という配慮であった。八月三十日、マッカーサー元帥が厚木飛行場に降り立った。

空襲で母を喪った並木路子の父親は四四年にパラオから内地に向かう途中、四一年に再召集された次兄は配属先の千島から移動中のやはり四四年、どちらも船が潜水艦に沈められて亡くなっていた。並木路子が結婚するつもりであった快活な立教大生は学徒出陣し、海軍特別攻撃隊で戦死した。戦争は並木路子に深い傷を残した。

「昭和戦後」は「リンゴ」の色

「あの娘《こ》よい子だ　気立《きだて》のよい娘《こ》、リンゴに良く似た　可愛い娘《こ》」

明るく歌いなさい、と万城目正にいわれた並木路子だが、とてもそんな気になれない。すると万城目は、上野に行ってみなさい、といった。

上野には進駐軍の兵隊の靴磨きをする戦争孤児たちがたくさんいた。その多くは空襲で家族を失った孤児だった。彼らを見るうち、並木路子には「リンゴの唄」を明るく歌えといった作曲家の意図が理解できた。

映画『そよかぜ』をマッカーサー元帥は大いに褒め、GHQ検閲許可第一号とした。映画の公開から三ヵ月後の四六年一月、日本コロムビアで吹き込まれた「リンゴの唄」は当初霧島昇とのデュエットだった。戦前の決め事で、会社専属の歌手でなければレコードを吹き込み、発売することができなかったからである。

並木路子はこれを契機に十年所属したSKDを離れ、日本コロムビアの専属歌手となった。間もなく彼女は、シベリア抑留から帰国した作曲家・米山正夫からもらった「森の水車」を歌ったが、この歌はNHKラジオでしきりに流された荒井恵子の持ち歌として知られた。

その後の並木路子はヒット曲に恵まれず、年末になるとテレビの歌番組に登場して「リンゴの唄」を歌う歌手となった。日本コロムビア時代の仲間、二葉あき子、池真理子らと「懐《なつ》メロ」を歌うグループをつくったりもした。八二年にはＳＫＤの故郷、浅草国際劇場も取り壊され、八五年に高層ホテルに姿を変えた。そうして「懐メロ」も彼女らの下の世代の歌手たちの歌にとってかわられた。

不運な結婚をして五〇年に離婚、その頃からアルコール依存症となった。五五年、依存症から立ち直らせてくれた三歳下の東宝の宣伝プロデューサーと再婚、六二年、四十歳で男の子を出産した。四十歳を目前に東宝を退社した夫と渋谷・東宝劇場の裏に「リンゴの唄」というパブを開き、六九年には道玄坂に移って小さなピアノバー「ブルースポット」を経営した。客にもとめられればそこで「リンゴの唄」を歌った。

九九年六月、夫が心筋梗塞で亡くなった。七十四歳だった。夫に先立たれたのちは体調を崩しがちで、店も閉じた。二〇〇一年四月七日、並木路子は入浴中に心筋梗塞で死去した。「戦後」という時代の解放感と明るさを体現した「一発屋歌手」の享年は七十九であった。

田山幸憲

東大中退パチプロ人生

〈パチンコプロ、
パチンコ・コラムニスト〉

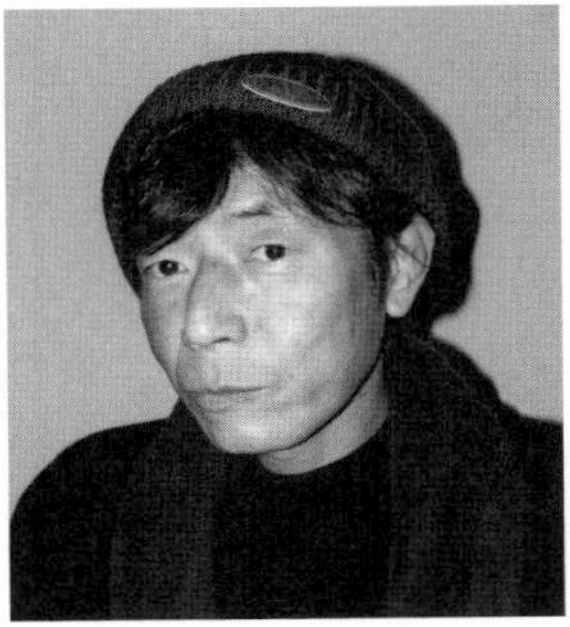

■たやま・ゆきのり
■2001年7月4日没(54歳)
■舌がん

田山幸憲は職業的パチンコ打ちだった。それも「ジグマ」、つまり地元のパチンコ店を「ネグラ」(稼ぎ場)と決めた「クマゴロー」(パチプロ)だった。

田山がはじめて二歳下の末井《すえい》昭《あきら》と会ったのは一九八八年八月、四十一歳のときである。場所は田山がネグラにしていた池袋西口のパチンコホール「山楽会館」裏の喫茶店「ネスパ」だった。のちに作家となる末井昭は当時、白夜書房の編集者で、パチンコ雑誌の創刊準備をしていた。その一環として、すでに他誌にコラムを書いていたパチプロ、田山に会いに行ったのである。

田山とおなじように根が「凝り性」であった末井は、その頃パチンコにはまっていた。しかし急激に売上げを伸ばすパチンコ産業とその客を、懐疑的に眺めてもいた。とくにパチプロという種族には冷淡だったのだが、実際に会った田山は卑俗な自慢話などしなかった。むしろ、パチプロは職業ではない、趣味を日銭に変えている消極的状態の継続にすぎない、とシニカルな発言をぼそぼそと繰り返す田山に共感の念を抱いた末井は、創刊する雑誌に「パチプロ日記」を依頼した。

田山は一回だけのつもりで引き受け、約束通りの日に原稿を渡した。すると末井は、次回の締切を平然と田山に伝えるのである。押しつけがましくはないのに、ぐんぐん話を進める末井に田山は圧倒された。のちに田山は、そのときの末井を「悪徳商人」のようだったと書いている。「自意識の強かった」当時の末井は、そう書かれて少なからず傷ついたと述懐している。時代劇に出てくる「悪徳商人」をイメージしたのだと思うが、実際には末井が、田山の学生時代もパチプロとなってからも会ったことのないタイプ、茫洋とした見かけの印象とうらはらのやり手編集者であることへの驚きをしめす形容だったのだろう。

これ以後、田山の「まじめで地味なパチプロ生活」は月二回刊の雑誌「パチンコ必勝ガイド」の連載を中心にまわっていくことになる。その「パチプロ日記」は単行本として全十巻、二〇〇一年七月の田山の死の直後まで刊行されつづけることになる。

東大をやめてパチプロに

田山幸憲は一九六五年、都立小石川高校を卒業した。おなじクラスで一番だったのは鳩山由紀夫だが、がり勉タイプなので田山は距離を置いていた。高校二年のとき田山は、ハーマン・メルヴィルの『白鯨』を読んで魅せられ、静岡県清水の海員学校を進学先に考えたが、近視はダメだといわれ、あきらめた。その後、東大を目指して勉強を始めたがすでに遅かった。最初の年は失敗、それでも一次試験は通った。浪人中は、予備校には通わず、六六年、東大文科三類に合格した。

しかし受かって目標を見失ったか、学校は休みがちになり、その年は留年した。六七年にはそれなりに勉強して二年生に進級したが、再びやる気をなくし、塗装業などのアルバイトに専念した。六九年一月、全共闘の「安田講堂攻防戦」があった。そういうことに興味を持てなかった田山を含め、この年は全員が留年ということになった。塗装の腕は上がり、たまたま誘われてやってみたパチンコでも驚くほど玉を出した。ますます学校から足が遠のいた。

七〇年、東大にこだわっていた父親が亡くなり、二十四歳のとき五年間在籍した東大を退学した。母親が大学に頼んで、もう一年休学扱いにしてもらったのだが、本人は知らずにいた。パチプロ生活は七三年、二十六歳からである。だが七七年、田山は突然会社勤めをした。営業職だった。訥弁なのに成績は必ずしも悪くはなかったというが、半年で辞した。やはり会社員は向いていない。再びパチプロに戻って、夜は家庭教師を兼業した。

八六年、三十九歳のときネグラにしていた池袋西口「山楽会館」にパチプロ集団が入り込んだ。店の空気の悪化を嫌った田山は、コネをたよりに大阪へ行き、腕に自信のあった塗装業でやり直そうとつとめた。しかし体力の衰えは争われない。断念して東京へ戻った。その後もだいたい五年ごとに、パチプロから足を洗いたい衝動に駆られた。

「パチンコは絶対に仕事じゃない」

終戦直後に発祥したパチンコは、釘とチャッカー（穴）の配置の新考案「正村《まさむら》ゲージ」によってゲームとしての妙味が増した。やがて、一個の玉が入賞すると二個目は簡単に入る「チューリップ」が発明され、大衆娯楽として定着した。

田山がパチンコを初めてしてみたのは東大一年生の一九六六年秋、チューリップ全盛期であった。客は台に向かって立ったまま左手で玉を一個ずつ入れ、右手のハンドルではじく。当時のパチンコ台には上皿がなく、当たり玉は台下の玉受けに直接出てきた。左利きの田山はハンドルの微妙な力加減にとまどったが、じきに慣れた。

そのうち玉受けの上皿がついて自動的に玉が台に送り込まれるようになり、客は着席したまま遊ぶスタイルに変わった。ハンドルは、ただ握ってさえいれば自動的に玉を打ち出す電動ダイヤルに移行した。セブン機と呼ばれるルーレット式の台が市場に出たのは一九八〇年、当たりのチャッカーに入るとハネが開閉を繰り返して当たり玉を呼び込むチューリップ改良版「ハネモノ」の登場は八一年であった。

八〇年代以降、ＩＣ基盤の進化によってパチンコ台はルーレット式が主流となった。ルーレット上の絵が揃うと大量の玉を吐き出す。そのうえ「連荘《れんちゃん》」といって大当たりの連続が期待できる。しかし当たりが長く来なければ、持ち玉は台に「飲まれる」。このときパチンコは娯楽からギャンブルに変わった。

大当たりの可能性が生じた絵柄を「リーチ」といい、そこから大当たりまで長いドラマめいた映像が音声付きで流れるようになったのは九〇年代以降である。パチンコ人気は異常な高まりを見せ、総務庁（当時）調査によると一九九六年のパチンコ産業総売上げ高は三十兆円、なんとＧＤＰの六パーセントにも上った。この年、出版物の売上げもピークだったが、それはパチンコの十一分の一に過ぎなかった。当然ギャンブル依存症患者も急増した。三万円を全部突っ込んで失うか、ときに五万円を手にするかという規模の賭博で、牧歌時代のパチンコとは質が違って生活資金を散じる人も少なくなかった。「ハネモノ」を好んだ田山だが、賭博性の低いそれが消えて行けばルーレット式の台への移動を余儀なくされた。

『パチプロ泡沫記《うたかた》』で田山は、「月収はせいぜい二十万」「一日にせいぜい三、四時間しか打たない」といっている。

「では七、八時間打てば収入が倍増するかといえば、そうはいかない。三十万が精一杯だろう。男一匹が生活して行くのに、三十万もの大金はいらない」

パチンコは「労働」ではない。しかし勤勉さがないと勝てない。十時開店の店に毎日九時五十七分に着いて、よさそうな台を仮押さえしたあと、自分が好む種類のパチンコ台がある区画《シマ》の一群だけ釘を見る。それも前日と変わっているかどうかだけを見る。釘に変わりがなければおなじ台を何日でも打ちつづける。朝一番から打ち始めて午後三時頃には切り上げる。勝った玉を換金、まだ明るいうちに焼鳥屋に入って飲む。酒は二十代から一日も欠かしたことがない。

『パチプロ日記 X』(第十巻の意、二〇〇一年)を見ると、一日の勝ち分はだいたい数千円から二万円程度、六万円あまりを二日つづけて勝ったりもするが、十回に一回は負ける。二万円から三万円ほど負けるときもある。

五十歳で筆を擱《お》こうと思っていた「パチプロ日記」だが、のちにはその原稿を書くことが生活のリズムをつくり、気持の救いにもなっていると実感するようになる。また原稿を高田馬場の編集部に届けたあとの恒例となった飲み会が、「社会との接触」という意味で田山にとって重要であった。その日のパチンコの打ち方(立ち回り)と成績以外に、こんなことも「日記」に書いた。

「誰が何といってもパチンコは遊びなんだ。絶対に仕事なんかじゃないよ」「常人より当たる確率の高いギャンブルをやっているだけ」

パチプロ、とくに田山のような「ジグマ」は、ありていにいってその店に寄生しているわけだが、玉を出しているお客がいることは、店としてもフリの客へのにぎやかしになる。しかし確実に利益の一部を奪われてもいる。プロ側も店に黙認してもらえる程度の勝ち方と遊戯のマナーは気にする。要するに微妙な関係である。そんな田山は、ときにやむを得ず店を変えた。池袋西口の店から一時、地元要町《かなめちょう》の店に移ったのはパチプロ集団が店に巣くって空気が悪くなったためだが、末井昭に会った一九八八年にはその集団が出入り禁止になったと知り、池袋に戻っていた。

要町の持ち家を売って母親と二人、世田谷・用賀の賃貸マンションに転居したのは九二年暮れ、四十六歳のときであった。生活を長期的に考えてのことだろう。2DK、家賃十五万五千円、利益率が悪いうえに収入の不安定なパチプロ生活だが、その頃には「パチプロ日記」などのコラム原稿料が定期的に入ってきていた。

用賀に越しても、しばらくは電車を乗り継いで池袋に通った。しかし「通勤」の負担に耐えかね、東急田園都市線沿線、多摩川を越えた溝の口の店に「棲み変えた」。九五年にその店が区画整理で閉店すると、今度はおなじ線の渋谷寄り、桜新町のパチンコ店、さらにずっと郊外の青葉台の店へと移り、九七年に地元用賀の店に定着した。

「時効寸前」で舌がん再発

田山幸憲が舌に異変を感じたのは四十八歳の一九九五年秋であった。最初は口内炎かタバコの吸い過ぎだろうと思っていた。しかしいっこうに回復せず、歯に舌があたると「飛び上がらんばかりに痛む」。病院で舌がんと診断されて三ヵ月入院、手術を二回受けた。

九六年一月に退院、再び「日記」を中心にまわるパチプロの生活に戻った。

二〇〇〇年四月下旬、耳の痛みがはげしいので病院に行き、生検を受けた。五月、舌がんの再発を告げられた。耳の痛みはリンパ節転移のせいであった。術後五年が無事に経過すれば寛解とされるはずだったが田山の場合は四年四ヵ月、「時効寸前で捕まった犯人のような気持」だった。

田山は医師にいった。「手術を受けるぐらいならば、残りの人生を放棄する方がましです」

二回の手術の侵襲がよほどひどかったのだろう。

結局、放射線と抗がん剤での治療を行うことになった。東大医学部附属病院の分院に入院して治療中の六月下旬、CTスキャンで首に二ヵ所、鼻のあたりの一ヵ所に転移が認められた。

東大病院本院に移ることが決まって一時退院した。末井昭や編集者たち、パチプロ仲間と会って宴会をし、東京近郊の山にハイキングに行った。田山は周囲に愛される人だった。

八月初旬、本院入院。ただし、治療は週に五日なので、金曜日から日曜日までは外泊が許された。その間、パチンコに行き、焼酎の薄い水割りを飲んでみたりした。パチンコに行ったのは「パチプロ日記」の材料を得るためである。この時期の田山は、モルヒネを主成分とした痛み止めのほか、アガリクスやプロポリスなど、がんに有効といわれるものを多数服用していた。

しかし病は着実に進行する。放射線治療で口の中が焼けただれたようになり、食べることはむろん、口から水分をとることもできなくなった。その後は鎖骨のあたりにCVカテーテル用のポートをつけて水分と栄養を補給した。

二〇〇〇年十月初めに退院、下旬からは提供してくれる病院で丸山ワクチンの投与を週三回受けることにした。その帰りに喫茶店に寄ってコーヒーを注文するのだが、飲み込むときの激痛を思うと飲めない。なぜか少しずつなら飲めた牛乳五〇〇ミリリットルだけが一日の栄養摂取源で、健康時には身長一六五センチ体重五五キロだったのが、四〇キロまで激減していた。

二〇〇一年一月四日、田山はパチンコに行った。やはり「パチプロ日記」の材料を集めるためであった。一月二十二日、書きあげた原稿を喫茶店で手渡した。しかし、いつものような飲み会にはならず、「日記」も、田山が編集者たちと会うのもこのときが最後になった。

「いつ死ぬか」と書いたメモ

二月二十一日午前、田山母子のマンションから遠くないところに住む末井昭は自転車で用足しに出かけ、もしかしたら田山に会えるかもと思い、マンション前まで行ってみた。するとまったく偶然、出かけようとする田山と出くわした。

「みんな会いたがっているから」

末井がそういうと、田山は首を振り、鞄から取り出したメモ用紙に「いつ死ぬか」と大きな字で書いてしめした。気圧《けお》された末井は、「お大事に」と社交辞令めいた言葉を発するしかなかった。それが別れとなった。

二〇〇一年七月五日朝、田山の母から末井に電話があり、前日に田山が亡くなったことを告げた。五十四歳であった。七月末、母親から田山の書きかけの原稿が出てきたと連絡があった。それは「パチプロ日記」続編の未完の原稿であった。

〈五十を越え、しかも年々パチプロらしからぬ存在と化して行く自分を知りながら、「パチプロ日記」を書いているという、この矛盾、この罪悪感〉

原稿はここで終っていた。

パチンコ産業の総売上げは一九九六年以降徐々に下落、二〇一八年にはピークの六割、十八兆円となった。賭博性の高さからフリの客が離れたためだろう。九六年にやはりピークであった出版産業の売上げも着実に下降、二〇一八年には約一兆三千億円、パチンコの十四分の一にまで落ちた。

山田風太郎

〈作家〉

「戦中派天才老人」の晩年

■やまだ・ふうたろう
■ 2001年7月28日没(79歳)
■糖尿病、パーキンソン病、肺炎

「老いても、生きるには金がかかる。――人間の喜劇」
「老いても、死ぬには苦しみがある。――人間の悲劇」

歴史的有名人九百二十余人の死に方を年齢ごとにえがいた『人間臨終図巻』にこんなエピグラフを添えた山田風太郎は、七十二歳になった一九九四年初め、市役所から「長寿祝い」のバスタオルと金一封をもらって苦笑した。

また山田風太郎は、こういって将来の日本を憂えた。

「二十一世紀の日本は六十五歳以上の老人ひとりを勤労者四人で支えなければならないそうだ。

他人事ながら気が滅入る」

　山田風太郎が新世紀最初の年、二〇〇一年七月に亡くなってから時は流れた。六十五歳以上が全人口の三〇パーセント、三千六百余万となった二〇二〇年代の日本では、老人ひとりを二・五人弱で支えなければならない。山田風太郎の憂いはまだ甘かった。


「長寿者」となった山田風太郎のたのしみは、夫人の運転する車で京王線聖蹟《せいせき》桜ヶ丘駅近くのスーパーマーケットに行くことであった。目的は買い物ではなかった。食品売り場の見物であった。広大で清潔な食品売り場の光景には圧倒される。飢えに苦しんだ戦中派としては、これが戦後という時代の達成かと思えば感慨なきを得ない。

　あの戦争で死んだ同世代の青年たちがこの光景を見たら、驚くどころか気が狂うのではないか、と彼はいい、こうつづけた。

「しかし、こんないい状態が永遠につづくわけはない。現在が日本史上の最高到達点だろう」

　そのとき、たまたまインタビューのために多摩の丘の上にある山田邸を訪れていた私（関川）は、九四年のいまがピークであってたまるかと思い、夏目漱石『三四郎』の主人公のように、まだまだ日本は発展するでしょう、と反論した。すると山田風太郎は、小川三四郎をたしなめる広田先生のような口調でいいきった。「先は下り坂だよ」

「神は人間を、賢愚において不平等に生み、善悪において不平等に殺す。」

私が山田風太郎の名前を知ったのは一九六二年、新潟の中学一年生のときである。授業中の教室で、新書判の小説が後方から男の子だけにまわされてきた。それは「忍法帖」シリーズの一冊『くノ一忍法帖』だった。ここを読め、と付箋が立てられたページには、ふたりの女忍者が互いの身体を密着させて、子宮から子宮へ胎児を受け渡すくだりが書かれていた。

一読、性的興奮を覚えなかったのは、私がコドモすぎたためだけではなかった。破天荒な設定の物語が、まるで医学書のように冷静にえがかれていたからだった。それでいて医学書にはありえないもの、たとえば虚無感にふちどられたユーモアとでも呼ぶべきセンスがその背後に感得されたからでもあった。

さらに十年。東京・東中野の貸し間に逼塞《ひっそく》、貸し本屋で借りた雑誌「オール讀物」を、南京豆を口に運びながら読んでいた私は、にわかに座り直した。

それは山田風太郎の「明治もの」第一作『警視庁草紙』の連載初回であった。明治初年の東京を舞台に、隠居した元町奉行、世をすねた元幕臣の美男子、彼に惚れた江戸前芸者、草創期東京警視庁を支配する「日本のフーシェ」川路《かわじ》利良《としよし》大警視とその前線要員たち、そして征韓論に敗れ東京を退去する直前の西郷隆盛などが織りなす物語であった。

幕末の南町奉行・駒井相模守が逼塞するのは番町土手下、三畳間が三つ横に並んだ陋屋《ろうおく》である。その所在と構造は内田百閒宅がモデルだとはのちに知ったことだが、幕末ならぬ明治初年、正邪混沌たる星雲期を舞台に選んで暗い明治をえがきながらも諧謔を忘れぬこの小説には、私を座り直させる「文芸の力量」があった。以来、私は彼の作品の熱心な読者となって、その作品に笑い、また泣いた。


『戦中派不戦日記』が刊行されたのは「明治もの」に着手する直前、一九七一年であった。当時二十三歳の医学生であった山田風太郎の、食糧難と東京大空襲と終戦の年の日記一年分、原稿用紙にして八百五十枚というこの本を、私はすぐには読まなかった。

七〇年代初め頃、「戦中派」という言葉には「青年に説教する旧世代人」、「不戦」には「誰も反対できない反戦意識に安住する怠惰」、そして「日記」には「自分の内面との対話」といったイメージがとりついていて、それらはみな感心できるものとは思われなかったからだ。だが実際は、まったく正反対の本であった。

戦後二十年の六〇年代なかば、山田風太郎はにわかに戦争の記録を読み始め、その数、千百冊以上におよんだ。結果、一般民衆側の戦時下の記録は意外に少なく、戦記や外交記録は、戦後の時間が経過するにつれ「法螺《ほら》や口ぬぐいの傾向を帯びる」と見たことが、自らの戦中日記刊行に踏み切る動機となった。

『戦中派不戦日記』、四五年四月九日の記述。

「花の下ゆく人、春来《きた》れる明るさと、運命の日迫る哀痛の表情溶け合い、またこれ雨にけぶりて、ふつう日本人に見られざる美しき顔を生み出せり」

そのひと月前、三月十日の記述。

「自分は歯ぎしりするような怒りを感じた」「――こうまでしたか、奴ら！」

この日未明、東京東部大空襲で非戦闘員十万人が焼死した。山田青年は東京医専(四六年より東京医科大学)のクラスメートの安否を確認すべく徒歩で被害地域に近づき、その惨状の一端を目撃した。

山田青年はつづけた。

「勿論、戦争である」「敵としては、日本人を何万人殺戮しようと、それは極めて当然である」「さらばわれわれもまたアメリカ人を幾十万人殺戮しようと、もとより当然以上である。いや、殺さねばならない。一人でも多く」

『戦中派不戦日記』と、それに先行する四二年暮れから四四年までの日記『滅失への青春』(七三年刊、のち『戦中派虫けら日記』と改題)の記述で印象的なのは、戦時下東京の生活の多忙さである。

食糧事情は際限なく悪化する。箸も立たない薄い雑炊を売る「雑炊食堂」に二時間並ぶ。一杯では足りないので、もう一度並ぶ。街で行列を見れば条件反射のように並ぶから、要りもしない唐辛子を買うはめになる。

四四年春に入学した医専の授業のかたわら、近郊農村へ買い出しに出向く。防空壕を掘る。四五年五月の山の手大空襲では、文字通り決死の覚悟で消火につとめる。およばぬと知り、防火用水を頭からかぶって命からがら逃げる。

また戦時中ほど人が移動した時期もまれであった。貧弱な交通手段で、どこへ行くにもつねに超満員だったが、戦時下インフレに耐えかねた山田風太郎もやむを得ず但馬の叔父に援助を仰ぎに行く。召集されて姫路の第五十五連隊に出頭する。肺浸潤と診断されて即日帰郷を命じられたときには、安堵感よりむしろ、体格不良だった小学校以来の「生涯列外」の悲哀を味わった。ゆえに「不戦」なのである。もっとも、かりに入営していたら一兵卒にしろ見習軍医にしろ、ほぼ確実に戦死・戦病死していただろう。

さらに食糧をもとめて勤め先の先輩同僚の奥さんの実家がある庄内へ行き、そこで十歳下、まだ高等女学校に入ったばかりの女の子を見知り、「運命」を感じる。八年後、山田夫人となる啓子その人である。やがて東京医専も学校をあげて長野県飯田に疎開する。

山田風太郎は行列しながら、また殺人的混雑の車中で読書をやめないのである。山田青年にとって読書は、またたまに見る映画は、おおげさではなく生の手段であった。黒澤明のデビュー作『姿三四郎』への感動と、ヒロイン轟夕起子への好意を記した日記に自己客観への衝動は見られても、私小説的な「自分との対話」はみじんもない。そのかわり、戦時下社会の精緻な観察記録と、「明日のことも知らぬ、哀れな、絶望的な、そのくせたちまち希望をとりもどして生きてゆく楽天的な日本人の姿」が残された。そうして山田風太郎自身も、たしかにそんな日本人のひとりであった。

『戦中派不戦日記』の「あとがき」にある。

「昭和二十年以前の〝歳月と教育〟の恐ろしさもさることながら、それ以後の〝歳月と教育〟の恐ろしさよ」

戦中の「必勝の信念」も戦後の「不戦の誓い」も、一種の宗教的感情という意味ではよく似ている、と山田風太郎はいうのである。

また『戦中派虫けら日記』の「あとがき」には、衒《てら》いではなくこう書いた。

「この暗澹《あんたん》たる青春の底で夢想した幻影——平和と豊かさ、そのそこばくを思いがけず得た瞬間から、おそらく私は退歩しはじめたのである」

戦後日本に戦中の悲惨はない。だが緊張感もまた失われて弛緩した繁栄のみが現前していた。そして彼自身も、その恩恵に浴してぬくぬくと過ごした。そんな苦い思いがにじみ出ている。

一九九四年、山田風太郎にインタビューする機会を得た私(関川)は勇躍して臨んだものの、七十二歳の山田風太郎は、遠い昔の記憶はあざやかでも、つい昨日のことは忘れている。あるいは忘れるべくつとめているようなのである。

「人間には早過ぎる死か、遅すぎる死しかない」

といった警句を口にした次の瞬間には、「最近君はときどき家にやってくるが、何しにきているんだね」と心底、不審げに口にするのである。

彼の発言を整理すれば可、という当初の見通しはほとんど瞬間的に潰えた。では、どうすれば？　窮した末に、山田風太郎との会話に出現した言葉、出来事を索引として、それらを彼の著作中から探し出して作家の口調で再構成するという方法を考え、そのようにした。したがって長編インタビュー『戦中派天才老人・山田風太郎』(九五年)という本は、根も葉もあるフィクションということになる。ただし、山田風太郎が言わなかったこと書かなかったことは片鱗もないから、パスティーシュ(文体模写)といっていいかも知れない。

「およそ人間のやることで、自分の死ぬことだけが愚行ではない。」

山田風太郎(本名山田誠也)は一九二二(大正十一)年一月、兵庫県北部、因幡から但馬へ通じる街道筋の山中、関宮村《せきのみやむら》の医家に生まれた。しかし医師であった父は風太郎五歳のときに亡くなり、父の弟が風太郎の母といっしょになって家業をつづけた。

学齢は大正十年組であった山田風太郎だが発育不良ということで、旧制中学入学を一年遅らせた。その豊岡中学同級生の三分の一が戦死・戦病死したという文字通りの戦中派である。

十六歳の原節子が出た『河内山宗俊《こうちやまそうしゅん》』(山中貞雄監督、三六年)を、友人の家が経営する映画館でこっそり見たのも寄宿舎生活の中学時代で、河内山宗俊、金子市之丞はじめ、名うての悪漢たちが美少女・原節子を助けるためにこぞって命を捨てるというお話であった。それを後年、異国の美女を救うために、普段は感心できない行いばかりの警視庁の邏卒《らそつ》たちが命を投げ出すという物語に翻案したのが『明治断頭台』で、自分でもっとも気に入っている小説なんだが、と述懐している。

中学二年生になる直前、今度は母が亡くなる。孤児となった彼が旧制高校受験の「資格なし」とされたり、受験しても不合格だったのは、成績のゆえではなく「教練」が未修だったからである。不良少年たちの参謀格と目されて教練担当の将校に憎まれた結果であった。

四二年、二十歳の夏に上京、五反田の軍需工場、沖電気に就職した。すでに統制経済下で、書店でも書籍は払底していたが、なぜか博文館の日記帳だけは山と積まれていたので一冊買い、その年の十一月二十五日から書き始めた。工場勤めをつづけながら職場の先輩の配慮にも助けられて、四四年、二度目の受験で東京医専に合格した。終戦は学校の疎開先、飯田で迎えた。

すでに旧制中学時代から雑誌の懸賞小説に応募してたびたび当選、小遣い稼ぎをしていた山田風太郎だが、まだ東京医専の学生であった戦後の四六年、二十四歳のとき雑誌「宝石」に『達磨峠の事件』を送り、江戸川乱歩に認められた。五〇年、医大卒業。しかし自分は医者には不向きと見切って、そのまま職業作家の生活に入った。

「人生の大事は大半必然に来る。
しかるに人生の最大事たる死は大半偶然に来る。」

女性を中心に鹿鳴館時代をえがいた『エドの舞踏会』で山田風太郎が「明治もの」に区切りをつけたのは八三年であった。そのあと彼は、古今東西の歴史上の人物の死に方をえがいた『人間臨終図巻』上・下(八六―八七年)を刊行した。

誰もが、そのときの自分の年齢で死んだ人の項目から開くという『人間臨終図巻』を、私は斎藤緑雨《りょくう》、国木田独歩、ヴィンセント・ヴァン・ゴッホ、宮沢賢治ら、三十七歳で死んだ人々のページから読み始めた。ほかに、『天保水滸伝』の笹川繁蔵《ささがわのしげぞう》、新国劇の沢田正二郎、フランス映画の美男俳優ジェラール・フィリップが三十七歳で死んでいる。昔の人は早死にだった。

九百二十余人の今わの際《きわ》の言葉で最大の傑作は、と山田風太郎に尋ねたことがある。すると、勝海舟の「コレデオシマイ」、と間髪を入れず返ってきた。

一八九九(明治三十二)年、七十六歳で死んだ勝海舟の最後の言葉「コレデオシマイ」は、「猛烈の機尽きて慈恩の相現われ、あたかも仙客《せんかく》に対する」ごとき死に顔のかたわらに坐していた「頭巾をいただける老媼《ろうおう》」から、旧幕臣の文学者・戸川残花が聞いたのである。老婦人は海舟の妹順子で、佐久間象山に嫁し、一八六四(元治元)年に象山が暗殺されて以来三十五年の長きを寡婦として過ごした人であった。

もっとも身につまされた最後の言葉は、という問いには、近松門左衛門だなあ、と山田風太郎はいった。

六十七歳で『心中天網島』、六十九歳で『女殺油地獄』を書いた近松は一七二四(享保九)年、自らの画像に賛をして、こう記した。

「隠《いん》に似て隠にあらず、賢に似て賢ならず、物知りに似て何も知らず」「口にまかせ筆に走らせ一生を囀《さえず》りちらし、今わの際に言うべく思うべき真の一大事は一字半言もなき倒惑《とうわく》」

自分は大近松の足元にもおよばないが、物語を「口にまかせ筆に走らせ」てきたのはおなじだから、この言葉は痛切に感じられる、と山田風太郎はいった。

「明治もの」を終えたあと、山田風太郎は『室町少年倶楽部』(八九年)等で、やはり善悪混迷の室町時代をえがき、六十九歳で江戸初期を舞台にとった『柳生十兵衛死す』(九一年)を書いたが、そこで小説の筆を擱いた。

「自分はウソ八百の奇譚・妖説しか書いていない。そんなものなら年齢に関係なく、いくらでも出てくる」、そう思っていたのだが、それが出てこなくなった。この「天才老人」にして加齢には勝てなかったのである。

「死は推理小説のラストのように、本人にとって最も意外なかたちでやって来る。」

晩年の山田風太郎の日課は、このようであった。

夕方早い時間から夕食。ウイスキーのボトル三分の一ほどを、水割りで二時間ほどかけて飲みながら、テーブル狭しと並べられた啓子夫人の手料理を、食べるというより眺めるのである。戦時下の食糧難による「内科的拷問」の反動だろうか。

そして早くに就寝。すると夜半に目覚める。以前は小説を書いていた時間だが、もうその必要もないから、ＮＨＫの「ラジオ深夜便」を聞くともなく聞く。朝になったら二度目の眠りに入る。眠りが来ないときはまた飲む。起き出すのはお昼頃である。

近所の散歩に出る以外は、この繰り返しだ。以前は、昔懐かしい映画がかかれば、都心まで出かけた。日帰りは負担だから、泊りがけで見に行った。

「雨中散歩。終日、水底にあるごとし」

一九九三年六月三十日の記述を最後に、山田風太郎は二十歳から五十一年間書きつづけた日記を終えた。

それから二年、九五年の初春であった。視界がぼやけるので医者に行った。七十三歳の老人にはありがちな白内障だろうと思ったが、すでに人工水晶体の手術は普及している、さして心配しなかった。

しかし、器械で山田風太郎の目をのぞいた医者は、こういった。

これは糖尿病だ。それも重症の。このままでは命がない。

四十代前半に腰痛で入院したことがあるばかり、「虚弱な健康体」を自任してきた彼には、まさに青天の霹靂《へきれき》であった。即入院、戦時中のような食事をあてがわれた結果、数字は改善した。しかし入院中にパーキンソン病と診断された。江戸川乱歩と同病である。同情を禁じ得なかった、あの操り人形のような足どりに自分もなるのかと思った。

生涯飲みつづけてきたウイスキーの全量を、試みに計算したことがある。約五トンという答えが出た。「アル中ハイマー」と自嘲するほど酒になじみ、またタバコは「呼吸するように」吸って一日百本、自分は肝硬変か肺がんで死ぬものだと信じていた。それがみごとに覆された。「犯人」は思いもよらないところにいた。

その年の梅雨時に再入院したとき、小さな大名行列の幻覚を見た。パーキンソン病治療薬の副作用だという。排泄は自力で、それが『人間臨終図巻』に登場する著名人たちの最後の執念だが、山田風太郎も例外ではなかった。その結果、ベッドから落ちて大腿骨の骨頭を欠けさせた。歩けなくなれば人は急速に老けこむ。

山田風太郎が亡くなったのは二十一世紀となって七ヵ月の二〇〇一年七月二十八日、奇しくも一九六五年に死んだ師・江戸川乱歩の命日であった。七十一歳の江戸川乱歩の直接の死因はクモ膜下出血だが、七十九歳の山田風太郎のそれは肺炎であった。

モハメド・アタ

テロの世紀をひらいた男

〈テロリスト〉

■ Mohamed Atta
■ 2001年9月11日没(33歳)
■ 自爆死

二〇〇一年九月十日、三十三歳のエジプト人モハメド・アタはフロリダからボストン・ローガン空港に飛んだ。そこでニッサンのレンタカーを借り、さらに百六十キロ北の田舎町メーン州ポートランドへ向かった。

モーテルに宿泊したアタは、翌日早朝、アブドルアジズ・アルオマリといっしょにポートランドからボストンに空路で引き返した。車はポートランド空港に乗り捨てた。

ボストン・ローガン空港でロサンゼルス行きアメリカン航空ＡＡ11便に乗り継いだ。前日もこの日の朝も、アタの顔は同便に予約した他の四人のテロリストとともに監視カメラの映像に残っていたが、全員、頬髯《ほおひげ》と顎鬚《あごひげ》を剃り落としている。

アタはビジネスクラス8Dの席につき、アルオマリは8Gにすわった。ワイルとワリードのアルシェフリ兄弟はコックピットに近い二列目、サタム・アル・スカミは十列目に着席した。アタとアルオマリはこれから行うテロについてあらかじめ知っていたが、残る三人は「殉教」する覚悟は決めていても、行動とその目的は、おそらくこの日の朝に知らされたのである。

AA11便は午前七時四十五分ごろに離陸、水平飛行に移ったあとでアタら五人に乗っ取られ、コックピットを制圧された。その後飛行機をニューヨーク方向に旋回させたのはモハメド・アタである。

一時間後の八時四十五分、ボーイング767はハイジャッカーを含む乗客乗員九十二名を乗せたまま、マンハッタンの世界貿易センタービルの北棟百階付近に激突した。その衝撃力は一キロトンの小型核に匹敵したという。

九時五分、やはりボストン発ロサンゼルス行きのユナイテッド航空UA175便が反転してニューヨークに向かい、世界貿易センタービル南棟の九十階付近に、乗客乗員六十五人とともに突っ込んだ。九時三十九分には、ワシントン発ロサンゼルス行きアメリカンAA航空77便がワシントンに引き返して、ペンタゴンに超低空水平飛行で激突した。乗客乗員は六十四人であった。十時十分、ニューアーク発サンフランシスコ行きユナイテッド航空UA93便が、ペンシルベニア州南部に乗客乗員四十四人を乗せたまま墜落した。

ハンブルク工科大学の留学生

崩落した世界貿易センタービルでは二千六百八十六人が亡くなり、ペンタゴンでは百二十五人が亡くなった。三百人以上のイスラム教徒を含む合計三千七十六人の命が失われた。この世界最大の同時多発テロはオサマ・ビンラディンのアルカイダによって計画され、モハメド・アタら十九人のテロリストが実行した。

事件後、アフガニスタンのジャララバードで押収されたビンラディンのビデオテープではビンラディン自身が、「自分が作戦を把握し、エジプト・ファミリーのモハメド(アタ)がグループを統括していた」、アタら主犯グループ以外の実行犯は「ハイジャック機に搭乗直前になって作戦の具体的な内容を知らされた」と語り、さらに「みな殉教の使命があることは知っていたが、作戦についてはまったく知らず、違うグループの人間はお互いを知らなかった」とつづけていた。アタをはじめテロリスト七人の名を挙げたビンラディンのこのテープは、アラビア語の文語ではなく口語で語られていて、外部向けではなく組織内部向けと考えられた。

二〇〇一年九月十一日の同時多発テロを実行した十九人のうち、エジプト国籍はアタひとりだけ、アラブ首長国連邦がふたり、レバノンがひとり、その他の十五人はサウジアラビア国籍だった。各機にテロリストは五人ずつ配置されたが、UA93便のみ四人だった。本来UA93便をハイジャック後に操縦するはずだったモロッコ系フランス人、ザカリア・ムサウイ(三三歳)は、事件直前に移民法違反で逮捕されて参加しなかった。かわりに操縦したのはレバノン人のジアド・ジャラ(二六歳)であった。

事件後、アタがハンブルク工科大学の学生であったことが明らかになると、大学に問い合せが殺到した。一九七八年創立のハンブルク工大は学生数五千、うち千人が外国籍であった。アタの正式な名前は「モハメド・モハメド・エルアミール・アワド・エルサイド・アタ」だが、その名前では学生名簿に見当たらなかった。名簿に「モハメド・エルアミール」とあったのがアタで、「エルアミール」は父の名である。

UA175便のパイロット役、マルワン・アルシェヒ(二三歳)もハンブルク工大生で、ほかに工大の学生五人が行方不明、または聴取対象となっていた。ハンブルク市内の専門大学ではジアド・ジャラが学んでおり、ほかに専門大学生ひとりが支援者として指名手配された。

この時期、ハンブルク市の人口は百七十万人、外国人は一六パーセントであった。外国人または外国出身者は全ドイツでは九パーセント、うちイスラム教徒は三百三十万人だが、その三分の二は一九七〇年代に入国したトルコ人労働者とその家族であった。

九〇年代以降急増したトルコ以外のイスラム圏からの留学生は、在留数年で二つのタイプに分かれるという。ひとつは西欧社会に溶け込もうとするタイプ、もうひとつは西欧を拒絶し、イスラム世界出身の仲間だけの世界に閉じこもろうとするタイプで、アタは後者だった。

二十七歳の「遺書」

モハメド・アタは一九六八年九月一日生まれ、カイロで子供時代を過ごした。父親は弁護士、中流上層家庭出身の賢くておとなしい、宗教に興味をしめさない少年だった。長じてカイロ大工学部を卒業するが、就職に失敗して二年間浪人生活を送ったのち、ドイツに留学した。息子を留学させるのに九十万エジプト・ポンド(二千七百万円)かかったと父親は語っている。ハンブルク工科大学に入学したのは九二年十月、二十四歳のときで、専攻は都市計画学だった。カイロにいる時分からドイツ語と英語を学び、どちらもすでに高い水準に達していた。

小柄で身長一六六センチほどのアタには、人を惹きつけるものがあった。礼儀正しい、頭がいい、少し高めの声でゆったり話し、育ちのよさを感じさせる——アタを知る教員と学生の印象は共通していた。九四年、卒論のテーマを「シリア北部の古都アレッポの都市問題」と決めたアタは、アレッポに二度にわたって滞在した。九五年六月にはメッカ巡礼に行った。アタがかわったのはメッカ巡礼以後、と周囲は一致している。

九六年四月十一日、二十七歳のアタは「遺書」を書いた。

「イスラム暦一四一六年」の日付が記され、証人の署名もあるそれには、「女性が私の家へ来て私の死を悼むことは望まない」といった奇妙な一節があった。「遺書」は「アルカイダ」入会の宣誓書を兼ねたのではないかと推測された。

九七年後半から九八年までアタは大学に姿を見せなかった。アフガニスタンにいたとされるが、その地で戦闘訓練を受け、ビンラディンの側近、またはビンラディンその人と会った可能性がある。「遺書」を書いたときからがアタの「晩年」だとすれば、二十七歳七ヵ月から三十三歳になって十一日目までの五年半がそれにあたる。早すぎる「晩年」であった。

九九年八月、卒論「危機にさらされた古都アレッポ——あるイスラム東洋都市の発展」を提出した。それは中扉に「慈悲深く、慈愛あまねきアッラーの御名において」とアラビア文字で記され、その下にコーランの一節がドイツ語で引用されるという過剰に個性的な編集がなされた卒論であった。モスクは遠いから学内に「祈りの部屋」をつくれ、とアタが学生代表会議に要求し、実現させたのも九九年である。

「離着陸の訓練は受けたくない」

二〇〇〇年六月三日、アタはニューアーク空港から米国入りした。カイロ時代のアタには鬚がなく、ハンブルクでのある時期から鬚を生やし始め、それは顎をおおった。一九九九年八月まではたしかに鬚があったが、アメリカ入国時にはきれいに剃られていた。アタ以外で飛行機の操縦を担当する予定の四人も二〇〇〇年のうちにアメリカに入国し、残る十四人は二〇〇一年五月に入国した。

二〇〇〇年七月三日、アタはマルワン・アルシェヒとともにフロリダ州の航空学校に入学を申請、最初の授業料を払い込んだ。アルシェヒの国籍はアラブ首長国連邦、「九・一一」のときには二十三歳で、世界貿易センタービルに突入した二機目、UA175便を操縦する。航空学校の多いカリフォルニアではなくフロリダを彼らが選んだのは、天候がおしなべてよく、練習が中止になることが少ないうえに、作戦実行予定の東海岸との時差がないためだろうと考えられた。

アタらは航空学校に入学すると近くに下宿を借りたが、そこではアルシェヒとは正反対の「冷たくて嫌な感じ」の男と認識され、ドイツ時代の前半までとは別人のようであった。結局、客用の浴室をいつも水浸しにするという理由で下宿を追い出されたが、それは祈りの前に必ず洗面台で足を洗うためであった。ふたりは一軒家を借り、そこにフロリダで別の飛行学校に通うUA93便のジアド・ジャラ、AA77便のサウジアラビア人、ハニ・ハサン・ハンジュルらがときどき訪れた。

入学して五週間でアタは、離着陸の訓練は受けたくない、旋回と下降の仕方を教えてくれればいい、と教官に怒った。他のテロリストも、それぞれの飛行学校でアタとおなじ発言をして、学校と教官をいぶかしがらせた。最初の飛行学校からアタが転校したのは拙速を望んだためだろうが、移った先の訓練は厳しく、前の飛行学校のレベルの低さが実感された。しかし彼の目的は操縦に習熟することではなかったから、前の学校に戻り、そこで免許を取った。アタが払い込んだ授業料は約二百万円であった。

テロの世紀をひらく

一九九五年、研修で赴いたカイロで、アタはエジプトの貧富のすさまじい格差をほとんどはじめて目のあたりにした。インフラへの投資は、砂に吸われる水のように役人に賄賂として飲み込まれていた。アタの怒りは、しかしエジプト政府にではなく、世界の最強国であるアメリカに向けられた。

その頃、大規模な反米反欧テロが世界各地で起こり、あるいは未発のうちに摘発されていた。九三年二月にはニューヨークの世界貿易センタービル地下駐車場が爆破され、死者六人、負傷者は千人以上におよんだ。九四年のクリスマスイブにはアルジェリアでエール・フランス機がハイジャックされた。旅客機はマルセイユで給油後パリまで飛ばせてエッフェル塔に自爆させる計画だった。しかし犯人ら自身が飛行機を操縦できなかったので、フランス特殊部隊の強行突入で未遂に終った。九九年には年末の「ミレニアム」記念式典の際にロサンゼルス国際空港を爆破する計画があったが、事前に露見して事なきを得た。二〇〇一年九月九日、同時多発テロの前々日には、アフガニスタンでタリバンに抵抗するマスードが暗殺されている。ジャーナリストを装ったチュニジア人のビデオカセットに仕込んだ爆発物による自爆テロであった。

アタらは二〇〇一年八月下旬から九月九日までフロリダのモーテルを一週間四万円余りで借りた。とくに問題は起こさなかったが、経営者の妻は部屋の壁に掛けられた、肌を露出した女性の絵がバスタオルで隠されていたことに強い印象を受けた。また、ある飲食店に四人でやってきて二つのサンドイッチを注文したとき、白パン八枚をよけいに頼み、ていねいに四人分に作り直したことを従業員は記憶していた。

二〇〇一年九月に入ってユナイテッド航空の親会社UALとアメリカン航空の親会社AMRの株が、通常の二十倍から八十倍の規模でカラ売りされた。その他合計三十銘柄を超えるカラ売りで約二十億円の利益がいずれかに、おそらくアルカイダに吸収された。アタらにはアルカイダの財務責任者から六千五百万円が流れたが、アタは二〇〇一年九月八日から、余った資金を送り返している。その額は約四百万円であった。

二〇〇一年九月十一日早朝、ボストンから飛んだアタは、他の四人の仲間と旅客機を乗っ取り、午前八時四十五分、世界貿易センタービル北棟の百階付近に飛行機ごと激突して死んだ。テロの世紀の扉をこじ開けたアタらが所持していた「犯行指示書」の写しにはつぎのような文言があったとされる。

「それぞれの死に対し同意すること」

「タクシーがあなたを空港へ運ぶ時、神の言葉を多く唱えよ」

「飛行機に足を踏み入れたなら、すぐに神の名を唱えよ」

宗教的信念に基づいて命を捨てる覚悟のテロに対し、現代文明は脆弱であった。

＊本稿を書くにあたって『テロリストの軌跡　モハメド・アタを追う』(朝日新聞アタ取材班著、二〇〇二年)を参考にした。

古今亭志ん朝

〈落語家〉

早い、あまりにも早い

■ここんてい・しんちょう
■ 2001年10月1日没(63歳)
■肝がんの肺転移

中野翠《みどり》はその著書『今夜も落語で眠りたい』の中で、古今亭志ん朝追悼「ある教養の死」をこんなふうに書き始めている。

〈二〇〇一年十月一日。古今亭志ん朝さんはこの世を去った。呆然自失。身近な縁者でも何でもない。はるかに遠くにいる有名人の死に、あれほど大きな衝撃を受けたのは私は初めてのことだった。それは一個人を超えて、もっと大きく、深く、「ある教養の死」のように感じられたのだ〉

少女時代の中野翠は、ラジオで落語をよく聞いた。父親の本棚には落語全集もあった。しかしやがて落語とは距離をおいた。モダニストとして長じた一九四六年生まれの彼女にとって、落語は「ただの古い芸能」と思われたし、六〇年代から七〇年代にかけての落語ブームの時代には、寄席で落語家の噺を「チェック」して「通」ぶる青年たちへの反感もあっただろう。

しかし三十代も終りに近い一九八五年暮れ、気まぐれに見たTBS「落語特選会」で古今亭志ん朝の「文七元結《ぶんしちもっとい》」に接して「堤防決壊」、「完全にノックアウト」された。

〈聴き終わった時は笑いと涙で顔がくしゃくしゃだった。たまたまビデオ録画していたので、すぐにビデオで観直してみた。さらに深く心にしみた〉

翌朝、落語テープを入手すべく銀座・山野楽器に走った。以来、テープやCDで落語を聞くことを毎晩の就眠儀式とした。

落語は成熟封建期に花開いた江戸という「幻の町」、その住人たちの関係をえがいた「都市文学」、あるいは一人で行う「語り演劇」だと認識し、その最高峰が志ん朝だという確信を彼女は聞くうちに抱いた。その志ん朝が亡くなったという知らせは、衝撃以外のなにものでもなかったのである。

「夏風邪」と思っていた

二〇〇一年は古今亭志ん朝六十三歳の年である。志ん朝が雑誌「東京人」十一月号のために林家こぶ平(のち九代正蔵)と「親父は親父、芸は一代」と題した対談を行ったのは七月二十六日、場所は東京・外神田の料亭「花ぶさ」であった。

志ん朝は五代古今亭志ん生の次男、十歳上の兄は十代金原亭馬生《きんげんていばしょう》である。父志ん生は一九七三年に八十三歳で亡くなり、馬生は八二年、五十四歳で亡くなっている。こぶ平の父は林家三平、新作落語と客いじりの明るい巧みさで一時代を画した天才であった。三平は七代林家正蔵の長男だったが、稲荷町の師匠といわれた正蔵(のち林家彦六)に八代目を譲って自分は最期まで前座名の三平を名のりつづけ、八〇年、やはり五十四歳で早世した。その二年前に落語界入りしたこぶ平は、八八年、二十五歳で「試験」の結果、真打となった。六二年、二十四歳で真打となった志ん朝に次ぐ若さの記録であった。しかしこぶ平は偉大な父親の影に重圧を感じつづけていた。

志ん朝の実力はすでに六二年当時、衆目の認めるところだった。それでも、八代桂文楽、六代三遊亭圓生らが志ん朝の真打昇進を強く推したのは志ん生の次男だから、と見る向きもないではなかった。そのような空気をはね返すために、才能に加えてきびしい稽古を自らに課し、若くして名人の評価を得た志ん朝は、二十四歳年少のこぶ平を励ますために対談相手としたのである。

会場の料亭に最初に姿を見せ、白の着物に黒い絽の羽織姿で「志ん朝でございます」と深々と頭を下げた彼は、少し痩せたかと見えたが、糖尿病の治療中であると聞いていたので、編集者は不思議に思わなかった。顔色の黒さはゴルフ灼けだろうか。

こぶ平は緊張のしっぱなしで、ろくに顔も上げられない。対談もしどろもどろだ。それを志ん朝が解きほぐすように話を進め、最後にこぶ平にこういった。

どんな世界にもスターは必要だ。それを育てるためになら自分はいくらでも力を貸す。だから、売れなきゃ許さない――

五日後の二〇〇一年七月三十一日、志ん朝は札幌で高座をつとめ、ついでにゴルフもしたのだが、随行した弟子に、この頃夜中になると熱が出て咳がとまらない、とこぼした。冷房病ではないですか、という弟子の言葉にうなずいた志ん朝だが、毎年恒例としていた人間ドックにはこの年入っていなかった。

二週間近くのちの八月十一日は「住吉踊り」の浅草演芸ホールでの初日であった。舞台を好む志ん朝は踊りにも熱心で、忘れられかけていた住吉踊りを復活させようと一門あげてつとめていたのである。

「夏風邪」のあまりのしつこさに不穏な気配を感じたものか、志ん朝は初日を前に、弟子志ん五の奥さんがナースとして勤務している病院に出向いた。医師の診立ても、たちの悪い夏風邪だった。しかし志ん朝自身が、レントゲン撮影を強くもとめ、渋々という感じで撮った写真を見た医者の顔色が変わった。肺が真っ白なのである。

翌日、弟子といっても五十男の真打、志ん五と志《し》ん橋《きょう》が付き添って大きな病院に行き、即入院となった。前日から浅草で「住吉踊り」が始まっているんですが、という彼らの言い分に、医師は病院から通えばよいとこたえた。それは病状の軽さをしめした言葉ではなかった。いまさら節制しても遅いという意味であったのだが、本人にも弟子にも実感はなかった。

翌八月十三日、志ん朝一門が新宿区矢来町の志ん朝宅に集まった。聖子夫人を中心に、告知するかどうかを話し合って結論は出なかった。ただし踊りは八月二十一日の楽日までつづけてもらうことにした。いずれにしろ、先は長くない。

高度経済成長の「明るさ」の象徴

志ん朝は本名美濃部《みのべ》強次《きょうじ》、一九三八(昭和十三)年三月十日、日露戦争奉天会戦にちなむ陸軍記念日生まれなので勇ましい命名がなされた。

戦争最末期の四五年五月、あまりの食えなさ加減に音を上げた志ん生は満洲に出稼ぎに行き、終戦から一年半後の四七年初め、ほうほうの体で引き揚げてきた。その前後、母りん、兄清(金原亭馬生)、姉の美津子は、文字通り赤貧洗うが如き暮らしで苦労したが、強次にその時代の記憶は希薄であった。

中学時代までは歌舞伎役者志望だった強次だが、志ん生から、あれは歌舞伎の家に生まれなければダメなんだと断念させられた。松竹新喜劇なら、というと大阪生まれでないとダメといわれ、新劇でもいいというと、あんなワケのわからんものはダメ、と切って捨てられた。

噺家はいいぞ、扇子一本で食っていける、としきりに志ん生はいうのだが、獨協高校に入ってドイツ語を学び始めた次男は、志望を外交官にかえた。やがてジャズに凝り、スポーツカーを愛する青年となって、江戸っ子というより戦後東京のモダンボーイの道を歩んだ。後年、レンタカーを運転してドイツ全土をめぐり、ベルリンの石段を踏み外して怪我をしたときには、苦労しながらもドイツ語で状況を医師に説明した。

入門は大学浪人一年が終ろうとする五七年、十九歳の春であった。志ん生は朝太という前座名を与えた次男を林家正蔵に預けた。正蔵の通いの弟子となって日常の挙措を修業し、噺は文楽のスタイルを学んだ。「三年死んだ気になって落語をやれ」という父の言葉にしたがい、本牧亭《ほんもくてい》での「古今亭朝太の会」では毎月あたらしく三本の噺を高座にかける打ち込みようで、めきめき腕を上げた。もっとも、前座時分から母りんに正絹の着物を着せられてタクシーで寄席入りし、文楽の口演中に寄席の楽屋で高いびきの居眠りをするなど大物ぶりも見せた。

六一年、二ツ目朝太はNHKの連続テレビドラマ『若い季節』に出演した。銀座の化粧品会社という設定で、そのサラリーマンたちの日常小事件をえがく日曜日夜八時から四十五分間の「生ドラマ」である。VTR機材がまだ普及せず、録画しても編集に費用と手間がかかった時代だから、トチリや出間違いもそのまま放映された。その時期の人気者を網羅していたためスケジュール調整が厄介で、出演可能者にあわせて書く小野田勇の脚本は本番二時間前に届いたりもした。

化粧品会社の社長は淡路恵子、社員に水谷良重(二代水谷八重子)、クレージーキャッツ、黒柳徹子、三木のり平、坂本九、ジェリー藤尾、小沢昭一、藤村有弘らがいて、社員たちの行きつけの店の女主人や板前に沢村貞子、森光子、渥美清が配された。渥美清はこのドラマで広く知られ、新入社員役の朝太も、いつも湯上がりのような和風美男ぶりとテンポのよいセリフ回しで注目された。六四年の暮れまでつづいたこのドラマは、同時期NHKのバラエティ・ショー『夢であいましょう』と並んで高度経済成長前半期の日本社会の明るい空気を反映していたのだが、朝太はまさにその体現者であった。

六二年春、朝太は先輩三十六人を抜いて二十四歳で真打に昇進、三代志ん朝を襲名した。志ん朝に追い抜かれてもっとも深刻なショックを受けたのは、二歳年長、入門では五年早い、天才を自任する柳家小ゑん、のちの立川談志であった。

談志は志ん朝に、真打を辞退しろよ、となかば本気でいったが、志ん朝は、協会の上の方の人たちが決めたことに逆らうのはうまくないし、自分は先輩たちを抜いたと思っている、とこたえた。談志は翌年二十六歳で真打に昇進、柳家ではなく七代(五代ともいう)立川談志を名のったのだが、志ん朝に後れをとったこのときの傷を生涯ひきずった。

志ん朝の襲名披露の宴席で文楽は、『若い季節』で知りあって志ん朝が役者として影響を受けた三木のり平に、あれは落語界では百年に一人の男です、といった。志ん朝は落語界の人材だとのり平に釘を刺したのである。さらにのち文楽は、志ん朝が、父志ん生を継ぐどころか明治の大名人三遊亭圓朝の名跡にふさわしい男だ、と最大級の賛辞を送った。

「これからは芸で勝負します」

その文楽が亡くなって七年、志ん生没後五年の一九七八年五月、落語協会分裂騒動が起こった。七〇年代前後からの大学オチ研(落語研究会)の盛況など落語人気の高まりで噺家志望者が急増、その結果、十年以上二ツ目で滞留する者が四十人を超えた。そのため、春と秋に十人ずつ真打に昇進させるという方針を落語協会会長柳家小さんが打ち出し、それに三遊亭圓生が強く反対したのである。真打昇進はあくまでも芸次第とする圓生は、自分の惣領弟子五代圓楽、八代橘家圓蔵とその弟子、月の家圓鏡(のち橘家圓蔵)、それに志ん朝を糾合して七八年五月二十四日の記者会見で新協会設立を宣言した。

しかしもくろみは、わずか一週間で破れた。新宿末廣亭の北村銀太郎が、圓生らが新協会を結成しても寄席には出演させないと宣言し、他の席亭も同調したからである。

実績ある噺家なら寄席以外でも仕事はできる。だが門下の弟子たちは、芸を磨く場所から締め出される。圓生の芸は誰もが認めるところだったが、その圭角ある性格への反発は根強かった。当初は新協会に移るものと見られていた圓蔵の弟子三平が動かず、むしろ師に離脱するよう説得したのも、圓生に対する複雑な思いからだった。

さらに新協会設立の一週間前、談志が突然抜けていた。新協会の会長に就任すれば、真打昇進を志ん朝に先んじられた傷は癒されるはずだった。しかし談志は圓生から、新協会の会長は志ん朝だと告げられ、志ん朝自身に確かめてそのとおりだと知ると、土壇場で脱盟したのである。問い詰める志ん朝に、「あれは洒落、洒落」と談志は逃げた。志ん朝はそんな談志の襟首を取り、弟子が止めなければ手にした衣紋掛けで殴っていたという。

七八年六月一日、神田明神下の鰻屋「神田川」で各席亭、落語協会幹部を前に志ん朝は圓蔵とともに両手をついて詫び、「これからは芸で勝負します」と宣言した。

協会復帰にあたっては、誰にもペナルティは課されなかった。しかし圓生は復帰を潔しとせず、一年後の七九年九月三日、七十九歳の誕生日に千葉で高座をつとめた直後、心筋梗塞で亡くなった。翌年には落語協会の真打昇進試験が行われ、やがて落語ブームの落着きとともに二ツ目の大渋滞は解消された。圓楽も落語協会にもどらず、八〇年、のち圓楽一門会となるグループを組織した。談志は八三年、弟子が真打昇進試験で落とされたことを契機に落語協会から離れ、落語立川流を率いた。

大須演芸場の「居残り佐平次」

志ん朝は二ツ目時代の「古今亭朝太の会」、ついで六二年に同時に真打となった九歳上の春風亭柳朝と六九年から五年間つづけた「二朝会」で芸を磨いた。七六年から八二年までは文京区の三百人劇場で「志ん朝の会」を年に数回開催した。ことに八一年四月、一週間連続で行った三百人劇場「志ん朝七夜」は落語芸の頂点をしめす伝説的な高座となった。まさに「芸で勝負」したのである。

名古屋の大須演芸場は歴史ある寄席だが、八〇年代には閑古鳥が鳴いていた。そんなとき、席亭は旧知の志ん朝に、たいした謝礼は出せないが出演してくれないかとダメ元で頼んでみた。すると気軽に承諾してくれたうえに出演料は辞退するといい、一九九〇年の秋から九九年の秋までの十年間、大須演芸場で三夜連続三席ずつ語った。

ファンにとってこれほど贅沢な高座はない。連日満員となった。その終り近くの九七年から九九年までの三年間、中野翠は大須演芸場に通って志ん朝の芸を堪能した。志ん朝自身も「中村仲蔵」「名工矩随《めいこうのりゆき》」などめずらしい噺の口演をまじえて意欲的だった。九九年の三日目、つまり大須演芸場での最後の日、志ん朝の三席目の噺は、近世都市話芸中最高のピカレスク「居残り佐平次」であった。

「ある教養の死」

二〇〇一年八月二十日、浅草演舞場での「住吉踊り」が楽日を迎え、三日後に志ん朝は大塚のがん研に移った。このとき本人は、自分ががんだと気づいていただろう。同時に否定したい気持も強かったが、それにしてはその年の春、五十二歳で肺がんで亡くなった弟子、古今亭右朝の末期に症状が似ている。そう考えると疑いは強まるのである。

九月二十一日、医師が志ん朝に不治のがんであると告知した。そのときの姿は『あしたのジョー』のラストシーンのようだったと五十歳の弟子、八朝は回想した。

「ジョーが燃え尽きるようにして(リング上の自分のコーナーの)椅子に座ってるシーンがあるでしょう、正にあんな感じでベッドに座ってたね」(志ん朝一門『よってたかって古今亭志ん朝』)

九月二十三日、矢来町の自宅に帰った。医師に勧められたのである。弟子たちが交代で師匠のもとに詰める態勢をとったが、十月一日朝、危篤となった。志ん輔が、「師匠っ、だめですよっ、みんなが来るまではっ!」と叫びながら心臓マッサージをした。聖子夫人が「お父ちゃんよく頑張ったね。もういいよ」といい、姉美津子が耳元で、「強次っ、強次っ、真っ直ぐ父ちゃんと母ちゃんのところへ行くんだよっ」と叫ぶと、志ん朝の呼吸は止まった。六十三歳、芸の円熟を前にした名人の、早すぎる死であった。

中野翠は、一九九九年晩秋の大須演芸場で、志ん朝が面やつれしているように見えた。六十歳をすぎればそんなものかとも思ったが、声もかすれ気味で、顔色が黒かった。しかし芸はみごとだった。彼女は、志ん朝が二十代の後半にC型肝炎にかかっていたことは知らなかった。

追悼文「ある教養の死」を、彼女はつぎのようにつづけた。

〈「教養」という言葉には白ける人もいるかもしれない。私自身、長い間、なじめない言葉だった〉

しかし、あるとき福田恆存の、「一時代、一民族の生き方が一つの型に結集する処に一つの文化が生まれる。その同じものが個人に現れる時、人はそれを教養と称する」という一文に触れ、考えの急旋回を経験した。

〈つまり、「箸のあげおろし」一つ取っても「教養」というものなのだ。その人が何を恥ずかしいと感じ、何を美しいと思い、何をたいせつと考えるか。そういうことの総体が「教養」なのだ〉

〈私は思う。〝教養〟とはまさに「どうでもいいけれど、どうでもよくないこと」なのじゃないか〉

〈私は志ん朝さんの高座に接するたび、江戸・明治の都会人が築きあげて来た生活的教養の一大体系を感じ、その幻の町の中に誘い込まれる喜びにひたったのだった〉

「金を払ってでも聞きたいのは志ん朝だけ」

七八年の落語協会分裂騒動では、談志に対して心からの怒りを表明した志ん朝だが、怒りは長くつづかなかった。晩年近くには、「二人会」をやるなら「談志兄《あに》さんとだ」と口にして、あれだけのことをやられておいて、それでもかい？　と聖子夫人にいぶかしがられた。一方談志も、いま金を払ってでも聞きたいのは志ん朝だけだ、といった。

談志が志ん朝に、志ん生を襲名しろよというと、志ん朝は、襲名披露に兄さん、口上をやってくれるかい、と尋ねた。すると談志は、何回でも何日でもやるよ、だからもっとうまくなれよ、といった。

結局、志ん朝は志ん生を襲名しなかった。芝居のポスターで師匠格の三木のり平の名前の下に志ん生とあるのはうまくない、という理由のほかに、志ん朝という名前をここまで大きくしたのは自分だという思いがあったのだろう。ライバルを失って張り合いをなくした立川談志は、志ん朝に遅れること十年、二〇一一年十一月二十一日に亡くなった。七十五歳だった。

張学良

「晩年」六十五年

〈軍人、一九三六年「西安事件」当事者〉

■ちょうがくりょう、ヂャン・シュエリャン
■2001年10月14日没(100歳)
■肺炎

張学良は、中国東北・奉天(現瀋陽)を拠点とした軍閥の実力者・張作霖《ちょうさくりん》の長男。十年にわたって日本陸軍の満洲派遣軍・関東軍と協力関係にあった張作霖だが、満洲(現東北三省と内モンゴル自治区東部)を独立させてソビエト連邦との緩衝国家とし、かつ当地の農産物、地下資源の開発をもくろむ関東軍によって、一九二八(昭和三)年六月四日早朝、北京から奉天に向かう列車ごと爆殺された。首謀者は関東軍高級参謀、河本《こうもと》大作大佐であった。

現場は奉天郊外皇姑《こうこ》屯《とん》の鉄道クロス陸橋で、事件当時、鉄橋の上を大連と長春を結ぶ南満洲鉄道が、下を北京・奉天間の京奉線の列車が走っていた。河本大佐はその鉄橋に爆発物を仕掛けた。列車には張作霖の軍事顧問の日本陸軍少佐も同乗していたのだから乱暴な暗殺であった。

軍事顧問は腕に負傷しただけですんだが、張作霖自身は瀕死の重傷を負い、奉天市内の病院に運ばれたのちに死んだ。現場に駆け付けた張作霖の奉天軍の将軍も日本人軍事顧問であった。河本はその機を利して奉天軍と武力衝突を起こし、関東軍の南満洲全体を占領するきっかけにしようと意図していた。しかし奉天軍が行動を抑制したので望んだ結果は得られなかった。

一代の梟雄《きょうゆう》、張作霖の生涯は五十三年であった。二十七歳の誕生日翌日に父を失った張学良は、関東軍と日本への恨みを深く胸に秘めた。

国民政府に合流、「不抵抗」を貫く

一九二〇(大正九)年、十八歳で東三省講武学堂砲兵科を卒業した張学良は、同年、奉天軍少将となり、二十歳で軍閥間戦争に参加した。この間、二一年には孫文が広東に国民政府を樹立、上海では中国共産党創立大会が開かれている。張学良は二十四歳で中将、父暗殺の前年には二十六歳で大将となった。軍閥とはいえ、いかにも急な進級で、張学良が戦争下手といわれた理由はここにもある。この時期の彼は女性たちとのはなやかすぎる交際と、ひどいアヘン中毒で知られていた。

二八年六月初旬、蔣介石率いる北伐軍は張作霖が去った北京に入城、一二(明治四十五)年の中華民国建国以来、北洋軍閥の巣窟と化していた北京政府は消滅して、中国は蔣介石によってほぼ統一された。張作霖後継の張学良は、日本軍の東三省自立への執拗なはたらきかけを拒絶、二八年暮れには東北全土の旗を「青天白日旗」に取り替える「易幟《えきし》」を敢行した。蔣介石と行動をともにし、日本と決別するという意志表明であった。

三一年九月十八日夜、奉天郊外柳条湖で鉄道線路が爆破された。被害は軽微で爆破直後にも列車は現場を通行できた。しかしこの謀略の計画者である関東軍・石原莞爾参謀と板垣征四郎参謀は、これを中国軍の仕業であるとして、現場に近い中国軍(東北辺防軍)の北大営を攻撃した。このとき関東軍は全土でわずか一万四百人、対して東北軍は、張学良が主力十一万を率いて関内に出動中であったものの、まだ三十万人あまりが残っていた。圧倒的兵力差があったにもかかわらず、張学良は「不抵抗」を指示して東北軍を撤退させた。

若槻礼次郎内閣も「事態不拡大」方針を打ち出して本庄繁関東軍司令官に伝達したが、石原莞爾参謀らは従わず、九月二十一日、吉林に出兵した。林銑十郎朝鮮軍司令官も同日、独断で一個旅団を越境させ奉天に向かわせた。軍の国外出兵には天皇の勅命が必要だったが朝鮮軍はこれを無視し、若槻内閣も追認した。日本は、陸軍の「一党独裁」で十五年後の破滅への道を歩み始めた。

関東軍の行動は活発だった。三二年二月までに錦州、チチハル、ハルビンを占領し、満洲国建国への下工作を実行した。だが張学良は「不抵抗」を貫き、東北軍が長城以南に退いたのは蔣介石の指示であった。南方で汪兆銘の広東独立政権と、北方では馮玉祥《ひょうぎょくしょう》、閻錫山《えんしゃくざん》ら反蔣軍閥と対峙しながら共産勢力と戦っていた蔣介石は、これ以上戦線を増やすことができなかったのである。

「満洲国」建国と蒋の共産党攻撃

一九三一年十一月、奉天特務機関長の土肥原賢二《どいはらけんじ》は、天津で工作した暴動のどさくさにまぎれ、清朝最後の皇帝・宣統帝であった愛新覚羅溥儀《あいしんかくらふぎ》を自動車のトランクに隠して脱出させた。三二年二月、満洲国独立宣言を発して溥儀を執政に就任させ、さらに三四年三月、帝政に移行して溥儀を皇帝の座につかせた。

三三年二月、「華北分離」すなわち華北の満洲国編入をもくろむ関東軍は熱河《ねっか》省に侵攻、省都・承徳を占領した。この間張学良にはなすところがなく、上海でアヘン中毒の治療を受けたのち、三三年四月、元「ニューヨーク・ヘラルド」記者のオーストラリア人「助言者」W・H・ドナルドと家族をともなってヨーロッパへ旅立った。イタリアではムッソリーニに会い、ドイツではゲーリングに会って、ファシズムに強い印象を受けた。帰国は三四年一月。

三四年は蒋介石の国民党軍による共産党包囲討滅作戦が着実に進行した年である。耐えかねた紅軍は江西《こうせい》根拠地を脱出して西方へと向かった。「長征」である。三五年一〇月、紅軍は陝西《せんせい》省延安に到着したが、長く困難な道程で戦死者、脱落者を多く出し、当初の兵力十万が到着時には一万人あまりに激減していた。

ここが共産党の息の根をとめる好機と見た蒋介石は陝西根拠地を猛攻したが、紅軍の頑強な抵抗を受けて停滞した。共産党は捕虜に対し「抗日」の必要性を説き、さらに故郷へ帰る旅費を渡して解放したので国民党軍中に厭戦気運が広がった。共産党の「広報戦」は巧みであった。

三六年四月八日、自ら操縦する飛行機で延安に飛んだ張学良は、九日、周恩来と会見した。「内戦停止」が両者の了解事項であり、そのうえで「反蔣抗日」という共産党の基本方針を「連蔣抗日」に変えさせるのが張学良のもくろみであった。周恩来は同意したが、蔣介石の説得が難題であった。

南京に戻った張学良は、周恩来との会談とその内容を蔣介石に伝えようとした。しかし蔣は張に会おうともしなかった。十四歳下の張学良を蔣介石は軽んじていたのである。十月にも張学良は閻錫山とともに洛陽で蔣介石に会い、内戦停止と一致して抗日を行うべく説いた。だが蔣介石はまったく聞き入れなかった。張学良は、西安の西北軍指導者、楊虎城《ようこじょう》と話し合った末、蔣の考えを変えるには「兵諫《へいかん》」、すなわちクーデターのほかはないと決意するに至った。

「西安事件」の二週間

一九三六年十二月四日、蔣介石ははかばかしくない共産党陝西根拠地攻撃を督戦するために西安にやってきた。七日、張学良は蔣介石が宿舎とした西安にほど近い臨潼《りんどう》県の華清池《かせいち》を訪れた。玄宗皇帝と楊貴妃の故事で知られた地である。しかし蔣介石は「共産党を討伐したのちに日本を破る」、すなわち「安内攘外《あんないじょうがい》」以外の方針はあり得ないとして、張学良の声涙ともにくだる説得を一蹴した。

十二月十二日早朝、張学良指揮下の東北軍部隊が華清池を襲った。門衛を銃撃して屋敷内に突入、蔣介石を捕えた。

その日の午後、蔣拘束の報は南京政府のもとに届いた。世界に向けて西安事件第一報を打電したのは日本・同盟通信の松本重治であった。蔣介石夫人宋美齢《そうびれい》は、まずドナルドを西安に送り込んだ。中国語に堪能で蔣夫妻の信頼篤いドナルドは、そのとき南京国民党政府の顧問となっていた。

ドナルドは張学良と会見、蔣介石の生存を確認したうえで、蔣介石に宋美齢の書簡を渡した。張学良は、宋美齢と孔祥熙《こうしょうき》が現状打開のために西安に来ることを望んだ。宋美齢は張学良より四歳年長だが、二人には以前から交感があった。孔祥熙は、上海の宋家三姉妹の長女、宋靄齢《そうあいれい》の夫で財閥の総帥である。

十二月十七日、周恩来が西安に入った。共産党内部では蔣介石の扱いに関して意見が分かれ、葉剣英ら強硬派は宿敵蔣介石の殺害を主張した。一方、周恩来は第二次「国共合作」を模索していた。紅軍は陝西省では国民党軍に対し優位に戦いを進めていたものの、総体としては国民党の物量に圧倒されていたので、ここで蔣介石を殺害しても長期にわたる内戦を有利に展開することはできない、と周恩来は考えた。

宋美齢と彼女の兄、宋子文《そうしぶん》が西安に入ったのは十二月二十二日である。宋美齢を飛行場に出迎えた張学良には憔悴の気配があった。その日の夜、宋家の二人は張学良、楊虎城と蔣介石解放のための条件、「内戦停止」「一致抗日」の二項について話し合った。二十三日、宋美齢は周恩来と二時間会見した。周恩来と会うことをかたくなに避けた蔣介石のかわりを夫人がつとめたのである。蔣介石の解放を渋っていた楊虎城はさらに強硬さを増していたが、蔣介石を拘束しつづければ中国共産党との内戦のみならず、南京政府軍と東北軍の内戦も勃発しかねない情勢であった。

十二月二十三日、その楊虎城をまじえ、張学良、宋美齢、宋子文、周恩来の会談がもたれた。張学良は幼時から英語教育を受けており、宋美齢はむしろ漢語が得意ではなく、宋子文の母語は広東語だった。また周恩来は英語を聞くことができたので、会談はおもに英語で行われた。ひとり楊虎城のみが蚊帳の外という状況であったが、ここでの合意が事件解決への道筋を決めた。

二十四日午前十時、張学良は蔣介石に、あなたの昔の部下が面会をもとめている、といった。蔣の諾否を聞かぬうちに周恩来は入室し、きちんと敬礼した。そして黄埔《こうほ》軍官学校時代にそうであったように、十一歳年長の蔣に「校長」と呼びかけた。

周恩来は蔣に、共産党がこの「事変」の平和的解決を望み、共産党が全中国の指導者・蔣のもとに「抗日」を実現することを政策として決定した、この和解によって十年にわたった内戦を終了させたいと考えている、と告げた。そのうえ周恩来は、張学良、宋美齢らと検討した合意事項に蔣介石の署名をあえて求めず、蔣の面子を立てた。そんな周の態度に蔣もやや心をやわらげ、「国共合作」に応じる発言を行った。

十二月二十五日午後、蔣介石は解放され、翌日、宋美齢らとともに飛行機で南京に向かった。このとき張学良は、自分も南京に行くといいだして周囲にたしなめられた。南京に行けば命の保証はないのである。だが、すでに身辺整理をすませた張学良は、処刑されるつもりで南京行きを決断したのだといった。その心事ははかりがたいが、蔣介石到着の二時間後に南京に着いた張学良は、以後歴史の舞台から姿を消す。

半世紀におよんだ「事変」の返礼

一九三六年十二月三十一日、張学良は南京で軍事委員会(蔣介石委員長)高等軍事法廷にかけられ、その日のうちに判決が出た。「上官暴行脅迫罪」という罪名で、判決は死刑ではなかった。有期徒刑十年、公民権剝奪五年であった。三七年一月四日、蔣介石は張学良を特赦して無罪とした。そのかわり「厳加管束」(厳重な軟禁)を科した。

以来張学良は浙江省渓口を第一の軟禁場所として、安徽省、江西省、湖南省二ヵ所、貴州省二ヵ所などを転々とした。日本軍の攻勢に追われての移動であった。

四六年には重慶から台湾に移された。最初の監禁場所は台湾北部、新竹《しんちく》県井上温泉の日本風家屋であった。ついで台北市陽明山、六一年に台北市北投に移され、ここで三十年をすごした。

楊虎城も西安で拘束された。彼も中国各地の監獄を移動させられたが、その最期は悲惨だった。四九年、共産党が内戦に勝利して中華人民共和国の成立を宣言する直前、重慶を撤退する国民党軍によって家族とともに惨殺された。

台湾では、張学良解放の請願が幾度かなされたが、蔣介石は応じなかった。それほどに蔣の怒りは根深かった。しかし七一年からは外出自由になった。

蔣介石は七五年に台湾で死に、そのあと息子の蔣経国総統時代を経て、李登輝の時代となったとき張学良は完全に解放された。一九九〇年、張学良九十歳(数え年)の大がかりな祝宴が台北市圓山大飯店で開かれた。五十四年ぶりの公的な席への登場であった。

司馬遼太郎を喜ばせた「指名」

この一九九〇年、張学良はNHKテレビの長時間インタビューを受けた。

NHKスペシャル「張学良がいま語る～日中戦争への道～」と、磯村尚徳対談「張学良――私の中国・私の日本」だが、張学良が当初インタビュアーとして希望したのは司馬遼太郎であった。結局、それは実現しなかったのだが、司馬遼太郎は、「ただ名指されたということ」に「異常なほど喜」び、それを伝える手紙を番組の制作責任者で旧知の吉田直哉に送った。

「張学良さん、当初、小生を会見人に指定してくれたとのこと、そのことをうかがって、自分がとってきた立場をはるかにふりかえって、粛然としました。一面だけでものを見て来なかった点、テーゼとアンチテーゼが刃物のようにそぎ立っているその刃の上を素足で――血を流して――歩くのが、小生は自分の立場――思考法――だと思っています。真の思考も、真の愛国もそこにしかないと思ってきましたが、張学良さん、それをわかってくれたのかと思ってうれしかったのです。（……）大げさにいって、生きてきた甲斐があったなと思いました」（吉田直哉「かけがえのない羅針盤」、「文藝春秋」九六年四月号）

司馬遼太郎はその生涯に、二度手放しで喜んだことがある。

一度目は、乃木希典を主人公とした『殉死』（六七年）を書いたときである。当時はまだ乃木希典と同時代を生き、その面影に接した人が存命であったから、執筆に際しては大いに気を遣った。昭和天皇にも取材したいと思ったが、それはかなわなかった。

乃木に魅力を感じながらも、その日露戦争における作戦指導には疑問を抱いていた司馬遼太郎は、乃木指揮下による旅順総攻撃の第一回から第三回までの作戦地図を何枚もつくり、もし自分が指揮をとればどうなるだろうと考えながら、紙上で何度も戦争をしてみた。そうして、やはり乃木の旅順攻撃のやりかたは根本から間違っていたという結論に達し、そのように書いた。

〈あとである軍人がこれをよんで、私の知人に「この作者は職業軍人か」ときいたということを知り、このときも、どういう過褒な作品批評をうけたよりも、労がむくいられたという意味でうれしかったことをおぼえています〉(司馬遼太郎「足跡　自伝的断章集成」)

「この作者は職業軍人か」と尋ねた元軍人は無名の人であった。張学良は、世界史的脚光を一瞬浴び、そののちは、ただただひそかで数奇な後半生を送った人であった。そういう人に驚かれ、また指名されて、司馬遼太郎はこころから喜んだのである。

「晩年」六十五年

NHKスペシャルに出演したとき、八十九歳の張学良は上機嫌と不機嫌をひどく振幅させた。台湾に移送されてから明代の歴史を研究していたのは、かつて蔣介石が「礼教」を学んでほしいと自分にいったからで、「礼教」を学ぶには明代の歴史を知ることだと考えたためだ。だがのちにそれを捨ててキリスト教徒となり、聖書の研究に没頭して現在に至った、などという話題は上機嫌に語った。

しかし西安事件に話題がおよぶと張学良の口は重く、不機嫌にさえなった。ことに西安における自身と周恩来との会談の内容については沈黙をつらぬいた。しかし、それは複数の関係者の証言ですでに明らかになっていたことなのである。

ゆえにNHKの番組中に別段新事実はなかった。しかしインタビューに応じた張学良に、中華系のマスコミは鋭く反応した。台湾、香港のメディアが大きく取り上げ、中国でも共産党幹部向け

「参考消息」で七日間連載したのをはじめ、「人民日報」「文匯報《ぶんわい》」でもくわしく伝えた。大陸では張学良は「西安事変」の英雄であった。ひるがえっていうと、共産党と紅軍は西安事件当時、国民党軍の攻勢で解体直前にまで至っており、それを救ったのが蔣介石を「兵諫」で拘束した張学良だった、という認識である。

九五年、九十四歳のとき張学良は台湾で再婚した夫人とハワイに移住し、二〇〇一年十月十四日、ホノルルで死んだ。百歳。肺炎だったとされる。

軍法会議の被告となった一九三六年末以後が彼の「晩年」だとすれば、それは六十五年の長きにおよんだ。

左 幸子

〈女優〉

映画女優の全盛期とは?

■ひだり・さちこ
■2001年11月7日没(71歳)
■肺がん

映画女優左幸子は六十一歳のとき、「婦人公論」(一九九二年一月号)に「闘病六年、舞台に復帰するまで」という手記を寄せた。

「私は、一九三〇年生まれ、昔流に言えば去年、還暦ということになるけれど、まだまだ中途半端な年齢で、これから、人生を楽しむさまざまな方法を学びたいと思っている」

「人間、死ぬまで生きているのだから、その生きている間どうやって過ごすかを、〈自分で〉発見していかなくてはならない」

「六年前に胃潰瘍で胃を全部取り去るという大病をしてからの日々が、そのことを実感として納得させてくれた」

体を蝕んだ五十代の「あせり」

左幸子は五十三歳の一九八三年から一年間、「婦人公論」で医学専門家たちと「健康」についての対談を連載した。昔「カモシカのようだ」といわれた体形が中年太りで崩れたことが気になっていたから、減量について専門家のひとりに相談すると、食事は一日二回、動物性蛋白質はいっさいとらず、よく嚙む、という食餌療法を提案された。いったん自分に課したことは何が何でもやりとげる性格の左幸子はそれを忠実に実行し、三ヵ月で十七キロ痩せた。

いつでも痩せられると自信を持った彼女が、八〇年代の美食ブームに投じて食べまくり飲みまくると、たちまち太った。それで無理にでも痩せる。また太る。その繰り返しになった。

〈これが身体に良い影響を与えるはずがない。経験や自信が傲慢に変わると墓穴を掘る〉

それだけではなかった。五十なかばになった有名女優のあせりと欲が彼女を苦しめた。

〈「仕事をしなくてはならない、でもイヤだ」という葛藤が繰り返され――徐々に胃に穴を開け、膵臓まで痛めてしまったのであろう〉

八五年、五十五歳のとき、テレビドラマの撮影中に倒れて胃を全摘、膵臓も一部切除した。「胃潰瘍」と彼女の手記にはあるが、医者の勧めで抗がん剤を使ったとも書いている。

抗がん剤を打って二週、髪の毛がごっそり抜けた。ショックだった。しかし、いくらか髪が残っている方が気が滅入る。剃って丸坊主にしてしまった。

八八年には腸捻転で死ぬ苦しみを味わった。これも「悪いところは全部取ったから大丈夫、と油断していた」ためだという。炭水化物は葛《くず》以外のどを通らなくなった。水も一口ずつゆっくり飲む。やがて高蛋白質の流動食に頼るようになったが、それでは身が持たない。テレビドラマの仕事を引き受けても、本番になると視界は真っ白、相手役の顔も見えなくなる。「血が下がった」せいだというが、栄養失調であろう。家に閉じこもって読書三昧、体力の回復を待った。

六十歳になる直前、NHK特集『聖路・左幸子　四国遍路1360キロ』という仕事を、体力に自信がないまま受けた。四十五日で八十八札所を歩きとおすという企画だが、自らを試してみたい気持があった。その八年前、やはりNHKで八十八ヵ所巡礼のテレビドラマ『野のきよら山のきよらに光さす』(中島丈博脚本、吉田日出子共演)に出て、遍路たちの明るい表情に強い印象を受けていたことも後押しした。

教員から「フリー」の女優へ

左幸子(本名額村幸子《ぬかむらさちこ》)は一九三〇(昭和五)年、富山県で生まれた。父親は骨董商、男三人女五人のきょうだいのいちばん上であった。富山県東部、泊高等女学校を卒業して上京、東京女子体育専門学校(のち東京女子体育大学)に旧制最後で入学した。体操選手として国民体育大会をめざし、最終第三学年時には、教授、五人の女子学生とともに「ラジオ体操第二」をつくった。

旅芝居の一座のあとを追いかけるほど幼少時から芝居好きだったから、体育の先生になるとは上京のためのなかば方便で、学生時代に見た芝居、杉村春子の『女の一生』で女優への夢をかきたてられたのは自然な流れであった。音楽教育も重視した女体専を卒業後、都立五商と国学院久我山中学で体育と音楽の教員をしながら、早稲田大学の演劇サークルに参加した。そこで、早熟なシナリオライターとして活躍することになる白坂依志夫《よしお》と知りあい、恋愛した。

五二年、二十二歳のとき新東宝が新人女優を探していると聞き、野村浩将監督の面接を受けた。野村は戦前三八年と三九年、松竹大船で田中絹代主演の大ヒット作『愛染かつら』をつくり、戦後、新東宝に移籍した人である。採用とも不採用ともいわぬまま雑談をつづける野村に業を煮やした左幸子は、「私を使うのか使わないのか、はっきりしてください」と迫った。その映画『若き日のあやまち』でもとめていたのは「アプレゲール」の女優だったから、気の強さで彼女がえらばれた。

その時期、映画製作会社は「協定」を結んで自社専属の俳優の他社出演を禁じ、違反する俳優には厳しいペナルティを科していた。新東宝専属とはならず、あえてフリーという不安定な立場をえらんだ左幸子の映画出演本数は少なかったが、五七年、日活映画『幕末太陽傳』に出演することができたのはそのためだ。

『幕末太陽傳』の監督は川島雄三、脚本は川島と助監督の今村昌平、それに田中啓一である。川島も今村も松竹大船から日活への移籍組だった。田中啓一は山内久《やまのうちひさし》の変名で、脚本家野田高梧の娘、立原りゅうと結婚していた山内は松竹専属のままだったので、あえて別名義とした。

文久二(一八六二)年の品川宿、老舗遊郭の土蔵相模《どぞうさがみ》が舞台である。無一文で登楼して豪遊した佐平次は、勘定ができるまでの「居残り」となって「行灯部屋」に押し込まれる。しかしそれは、胸の病気によい海風をあてこんだ佐平次のもくろみどおりであった。やがて、機転と客扱いの巧みさから女郎たちに頼りにされる存在になるという落語「居残り佐平次」を軸に、「品川心中」「三枚起請」「五人廻し」「お見立て」などから材を取った脚本で、佐平次を当時ジャズ・ミュージシャンとして知られた二十八歳のフランキー堺が演じた。

その佐平次の気をひきたいのが土蔵相模の看板最上位を争う二人の女郎おそめとこはるで、おそめを左幸子、こはるを南田洋子が演じ、それぞれキャリアの代表作とした。そのほか、土蔵相模主人に金子信雄、おかみに山岡久乃、健気な女中に芦川いづみ、おそめの口車に乗って心中しそこなう貸本屋に小沢昭一を配した。

前年五六年に日活からデビュー、実兄石原慎太郎の小説『太陽の季節』から典型的アプレゲール「太陽族」と呼ばれ、同年『狂った果実』(中平康監督、石原慎太郎脚本)で強烈な存在感をしめした石原裕次郎は、その「不良性感度」が教育上よくないと非難を浴びて一時路線修正していた。その石原裕次郎が、この映画で土蔵相模に留連《いつづけ》する高杉晋作を演じたので、題名も「太陽傳」としたのである。

「娼婦役」で日本を代表する女優に

左幸子が映画監督・羽仁進《はにすすむ》と出会ったのはこの五七年であった。五九年に結婚、六四年には一人娘未央《みお》が生まれた。

羽仁進は左幸子の二歳年長、祖父母が設立した自由学園を四七年、十八歳で卒業すると、一年間共同通信の記者をつとめ、四九年、岩波映画社設立に参加した。五五年、『教室の子供たち』で注目され、六〇年には本物の不良少年たちを起用したドキュメンタリー・ドラマ『不良少年』をつくって高い評価を得た。

一方、左幸子は六三年、今村昌平の『にっぽん昆虫記』に主演、六五年には内田吐夢の『飢餓海峡』で三國連太郎と共演して、その「体当たり的演技」で映画女優としての地位を確立した。時代設定は異なっていたものの『幕末太陽傳』も含めた三作での彼女の役柄は娼婦であった。かわいそうな娼婦ではなく、たくましく、ずるくもある日本の娼婦であった。

『にっぽん昆虫記』は、同年につくられた左幸子主演、羽仁進監督『彼女と彼』とともにベルリン映画祭に出品され、両作の演技によって彼女は銀熊賞(主演女優賞)を得た。左幸子以前には、シャーリー・マクレーン、アンナ・カリーナらが得た賞で、日本の女優としては初の国際的表彰であった。
『飢餓海峡』で彼女は毎日映画コンクールの女優主演賞を獲得したのだが、その撮影中、当時四十二歳の三國連太郎と恋愛関係にあった二十一歳の太地喜和子《たいちきわこ》は、北海道のロケ先まで押しかけて三國との烈しい逢瀬に没入した。太地喜和子を駆り立てたのは、左幸子というより、左幸子が演じた杉戸八重という娼婦への強烈な嫉妬であった。このように、三十代なかばまでが女優左幸子の全盛期であった。

左幸子は出演作をえらび、シナリオと演じる役柄の「内面」に関して監督や作家に意見を述べ、自分が納得するまで議論する「面倒な」女優として知られた。

後年、彼女の訃報に接した三國連太郎は回想した。

「役者としてあれほど正直で、仕事に純粋な方はほかに見たことがない。演出や、役についての人間解釈に納得がいかないと、徹底的に自分の意見を主張し、議論する人だった」(「日刊スポーツ」二〇〇一年十二月十三日)

今村昌平はこういった。

「自己主張の強い女優さんで、一時期、映画会社から嫌がられたこともあり、『にっぽん昆虫記』の主役に起用しようとした時、当時の日活の首脳が嫌がったことを覚えている。強引に独立独歩で仕事をしてきた人だった」(同前)

「おしどり夫婦」の別離

一九六五年、羽仁進は長期間のアフリカ・ロケを行って、プロの俳優は主役の渥美清だけという映画『ブワナ・トシの歌』をつくり、翌六六年には、左幸子主演でボリビア現地ロケの『アンデスの花嫁』をつくった。そのどちらでも、制作にあたって動物学者や文化人類学者のアドバイスと協力をあおいだ。しかし、強引で無神経な撮影ぶりで現地の研究フィールドを破壊したという強い非難を、映画完成後に羽仁進は浴びた。

七三年の年頭であった。スケートをしに行く約束で待ち合せた場所に、娘未央が現れなかった。その日の朝、羽仁進と未央、それに額村喜美子がアフリカへ旅立っていたのである。

額村喜美子は左幸子の下から二番目、十三歳下の妹で、美術大学を出ると未央のベビーシッターとして羽仁家に入り、羽仁進の秘書と家事手伝いを兼ねるようになっていた。喜美子が同行したと知った左幸子は狂乱した。カミソリで手首を切ろうとして果たせず、髪を切った。以後、酒浸りとなった。

「おしどり夫婦」といわれたこともある左幸子と羽仁進だが、羽仁もと子・吉一《よしかず》からその娘・羽仁説子と婿・五郎へ、そして進へと引き継がれた羽仁家の家風に、彼女はもともとあわなかった。未央の教育でも、羽仁家の徹底した自由主義のやりかたと対立した。

七七年に離婚、その四ヵ月後に進は喜美子と再婚した。未央は父親と新しい母親のもとにいることをえらび、左幸子は自分の老母とともに暮らした。

「四国八十八ヵ所巡礼」

一九九〇年初夏、NHK特集、四国八十八ヵ所の霊場を歩くドキュメンタリーの撮影に遍路姿で臨んだ左幸子だが、一番札所から歩き始めてみて自分の脚の弱さに驚愕した。

遍路初日は、短距離に配置された十番札所までを歩く慣例なのだが、三分の一しか歩けない。その日の朝食はバナナと豆腐を少々と流動食、昼はうどん一口と草餅二個、夕食はパン一枚とチーズ三切れ、それしか食べられなかった。極端な栄養不良なのである。これでは、全行程を四十五日で終える撮影はとうていできない。

そんな状態なのに彼女は、脚のマッサージを受けながら全行程の三分の二を歩いた。残りはやむを得ず車に乗ったが、旅が終る頃には、朝食におにぎり二個半、昼食にそうめん一人前、間食に栗饅頭と笹餅とポップコーン、それにおでんの豆腐とこんにゃく、かき氷、夕食にご飯一膳、ポップコーンとかっぱえびせん、という奇妙だが人並みに近い食事をとれるまでに回復した。この旅の終りに彼女は六十歳になった。

肺がんの手術を受けたのは九九年である。すでにステージⅢだったという。手術から二年、七十一歳のとき「私の元気の素」という雑誌のインタビュー(「潮」二〇〇一年九月号)を受けている。彼女の「元気の素」とは「体操と朗読」である。散歩しながら詩や歌詞を朗読するのは、体操と同様、昔からつづけていることだという。

左幸子の自宅を訪ねた記者は、「目の前の左さんは、そんな大病をしたようには見えないし、昭和五年生まれとは思えぬほど若々しい」「スッと伸びた背筋で、はっきりとした発音で、詩の朗読をする左さんの顔は、刻まれた年輪も含めて、美しく輝いている」と書いた。

だがひと月後、左幸子は国立がんセンターに入院した。そして十月下旬に急変、亡くなったのは二〇〇一年十一月七日であった。

彼女は自分の人生を十年ごとに区切って語ることが多かった。

「10代で終戦を迎え、20代は大学を卒業して教師から女優となり、名誉ある賞もいただいた。結婚もした。30代で子供を産み、仕事上ではいい作品に恵まれて内外のたくさんの賞をいただいている。40代には2年間のパリ生活で庶民生活のレポートをTVに送り、そのあと離婚・子供との別離という事件もあったけれど、映画監督として『遠い一本の道』を撮っている……。という具合に辿ってみると、50代は何をしようか、否、何かしなくちゃというあせりが生じた」(「闘病六年、舞台に復帰するまで」、「婦人公論」一九九二年一月号)

監督し、自ら主演もした『遠い一本の道』とは、離婚した七七年、国鉄労働組合から一億円の出資を受けてつくった、「反合理化」を主題とした作品であったが、『月は上りぬ』の田中絹代に次ぐ女性監督ということ以外は話題にならなかった。

二十代後半から三十代なかばまでを全盛期とした女優左幸子は、体調不良に苦しんだ五十代と六十代には、めぼしい仕事をすることがなかった。

左幸子の葬儀に、羽仁進・喜美子夫妻は姿を見せなかった。海外で生活していた娘未央も欠席した。不参の理由を尋ねられた未央は、「あの方とは交流がなかったから」とこたえた。その羽仁未央は二〇一四年十一月に亡くなった。肝不全、五十歳であった。

2002年に死んだ人々

ビリー・ワイルダー
トール・ヘイエルダール
柳家小さん(五代目)
矢川澄子
ナンシー関
岡田正泰

ビリー・ワイルダー

〈映画監督、脚本家〉

『サンセット大通り』の風景

■ Billy Wilder
■ 2002 年 3 月 27 日没(95 歳)
■肺炎

ハリウッドの映画監督ビリー・ワイルダーは、一九〇六年、現在のポーランドからウクライナにまたがって、南はスロバキアとの国境をなすタトラ山地の北麓、ガリツィア地方で生まれた。両親ともにユダヤ人の次男であった。一九〇六年は第一次世界大戦の前だから、ガリツィアは当時オーストリア・ハンガリー帝国領で、後年ドイツ領となったこの地にアウシュビッツ収容所がつくられた。

ワイルダーの父は、クラクフを起点に南西へ、スロバキアのブラチスラバを経てウィーンに至る鉄道の駅構内でレストランを営んでいた。次男の本名はザムエル・ヴィルダーだが、アメリカびいきの母は彼をビリーと呼んだ。ヴィルダーは英語読みでワイルダー、本人も後半生をビリー・ワイルダーとして送った。

ウィーンで長じたワイルダーは、大学には進学せずジャーナリストを志して第一次大戦後の二六年、二十歳でウィーンからベルリンに移った。ベルリン時代にダンスホールの「ジゴロ」となったのは、たんに連載記事を書くためか、彼の本質にその気配があったものかわからないが、女性にモテたのはたしかである。やがてワイルダーは映画界に縁を得て、やはりユダヤ人で六歳上、ロベルト・シオドマク監督の『日曜日の人々』(三〇年)に脚本家として参加した。この映画で撮影助手をつとめた一歳下のフレッド・ジンネマンもウィーン出身のユダヤ人であった。

映画は成功して、ワイルダーはベルリンの大手映画会社ウーファの専属脚本家となった。しかし一九三三年一月の選挙で大躍進した反ユダヤのナチ党が、翌月二十七日、共産党弾圧のために国会議事堂放火事件を起こすと、その火がまだ消えきらぬうちにワイルダーはパリに逃れた。敏感かつ迅速なのである。

「共同執筆」の理由

パリでは、やはりドイツから避難したドイツ系ユダヤ人の映画音楽家フランツ・ワックスマン、ハンガリー系ユダヤ人の俳優ピーター・ローレと同宿して、労働許可証がないまま匿名で脚本を書いた。

アルフレッド・ヒッチコック作品の音楽で知られることになるワックスマンとワイルダーは、のちに『サンセット大通り』(五〇年)、『第十七捕虜収容所』(五三年)、『昼下りの情事』(五七年)でともに仕事をする。『マルタの鷹』(四一年)、『カサブランカ』(四二年)に出演するピーター・ローレは、日露戦争中に東欧とフィンランドで反ロシア勢力の糾合・援助に奔走した日本の軍事探偵・明石元二郎をモデルにした一九三〇年代の「ミスター・モト」シリーズで、主人公「モト・ケンタロー」を演じる。

翌三四年、ワイルダーはコロンビア映画の知人の手引きでアメリカに渡った。しかしビザは三ヵ月で切れる。メキシコ国境南のメヒカリに出て正式なアメリカ移住許可を求めたとき、面接で職業を聞かれ、映画の脚本を書いていると答えると領事は、いいものを書いてください、といってスタンプを押してくれた。

英語のできなかったワイルダーは、一日二十語ずつ単語を覚えた。しかし英語で脚本を書く自信はなかった。彼が、その後のすべての作品を共同脚本で書いたのは、英語に対して慎重かつ謙虚だったからだろう。その結果、キャリア前半『サンセット大通り』まではチャールズ・ブラケットと、後半『昼下りの情事』以後はルーマニア生まれのユダヤ人で、九歳のとき渡米したI・A・L・ダイアモンドと共同執筆した。

すでに二二年に渡米していたドイツ系ユダヤ人のエルンスト・ルビッチ監督が、スウェーデン人女優グレタ・ガルボ主演で撮った喜劇『ニノチカ』(三九年)と、ハワード・ホークス監督『教授と美女』(四一年)の脚本で、ワイルダーはハリウッドに場所を得た。しかし脚本執筆時には普段と打って変わって異常なしつこさを発揮、「ジキル博士とハイド氏」ではなく「ハイド氏とハイド氏」のような二重人格になる、と評された。そのため、フィルム・ノワールの傑作といわれた『深夜の告白』(四四年)で一度だけ共同執筆したレイモンド・チャンドラーからは、蛇蝎《だかつ》のように嫌われた。ワイルダーはその二年前、『少佐と少女』(四二年)からすでに監督に昇格していたが、脚本執筆はやめなかったのである。

「ハリウッド隆盛」の一因

監督二作目は『熱砂の秘密』(四三年)であった。B級戦争アクションにすぎないこの作品でワイルダーは、かつてD・W・グリフィス、セシル・B・デミルとともにサイレント映画の三大監督とされ、また俳優としてはジャン・ルノワール監督『大いなる幻影』(三七年)で記憶すべき演技を見せたエリッヒ・フォン・シュトロハイムと出会った。「フォン」というドイツ貴族名を芸名としているものの、彼もウィーン出身のユダヤ人で、一九〇九年、士官学校卒業後の二十四歳で渡米し、グリフィス『国民の創生』(一五年)の助監督から映画のキャリアを始めた才能ある尊大な男であった。

ワイルダーのハリウッド映画監督第四作『失われた週末』(四五年)は、商業映画ではタブーとされたアルコール依存症をテーマに、スタジオ撮影ではなく街頭ロケを多用したドキュメンタリー・タッチの作品で、これによってアカデミー作品賞、監督賞、脚本賞を受賞した。ワイルダーがカバーする範囲は、五〇年代以降の彼のイメージよりはるかに広いのである。

それより以前の三五年、アメリカでの生活の見通しがいちおう立ったとき、ワイルダーはウィーンに帰省した。父はすでに亡くなっていたが、母が再婚して残っていたのである。彼は熱心に母に渡米を勧めたが、母はついに応じず、それが別れとなった。その後、母と義父、祖母、みな収容所で殺された。

ワイルダーより五年早く、二九年十月二十四日、大恐慌を告げる「魔の木曜日」にアメリカの土を踏んだのはフレッド・ジンネマンで、ワイルダーの一歳上、一年遅れの三五年に渡米したのはウクライナ系ユダヤ人監督のオットー・プレミンジャーであった。プレミンジャーは俳優も兼ね、ワイルダーの『第十七捕虜収容所』(五三年)では、その悪相を買われてナチの収容所所長を演じた。

ジンネマンは『真昼の決闘』(五二年)、『地上《ここ》より永遠《とわ》に』(五三年)、『日曜日には鼠を殺せ』(六四年)、『わが命つきるとも』(六六年)などの監督として映画史に名を残す。プレミンジャーには、『月蒼くして』(五三年)、『帰らざる河』(五四年)、『黄金の腕』(五五年)、『悲しみよ こんにちは』(五七年)、それにイスラエル建国をえがいた『栄光への脱出』(六〇年)などの作品がある。

いずれにしろ第二次大戦前のハリウッドにはユダヤ系人材が急増した。ナチスのユダヤ人迫害が、皮肉なことにハリウッド隆盛を呼び込む一因となった。

「五十歳」の主演女優を探す

一九五〇年、ビリー・ワイルダーは『サンセット大通り』を発表した。それはサイレント時代のスター女優が、時代の変遷と自らの老化を認めず、ハリウッドで再起をはかるために死力を尽くした末に生じた悲劇の物語である。

ハリウッド映画では「犯罪」とされた「老い」をテーマにした物語『サンセット大通り』で、五十歳と設定された主人公の女優役の人選が困難をきわめたのは当然であった。

ワイルダーは最初グレタ・ガルボを考えた。しかし四一年、三十六歳で現役を引退していたガルボはまったく興味をしめさなかった。メイ・ウエストは脚本を直すなら、といってきた。サイレント時代の大スター、メアリー・ピックフォードはワイルダーと共同脚本のチャールズ・ブラケットが拒絶し、没落したポーランド貴族の末裔なのに「ロマの娘」を自称したことのあるポーラ・ネグリは、そのポーランドなまりがひどくてあきらめた。

やはりサイレント時代の大スター、グロリア・スワンソンに、まさか応じるとは思わずに声をかけると、意外なことに「出る」といってきた。スワンソンは、実はジョージ・キューカー監督に相談し、ワイルダーとブラケットが本気でやるなら引受けるべきだ、というアドバイスを受けていたのである。

戦前『若草物語』(三三年)、『フィラデルフィア物語』(四〇年)で、舞台女優のキャサリン・ヘップバーンをハリウッドに定着させたジョージ・キューカーはニューヨーク生まれのハンガリー系ユダヤ人で、その後、『スタア誕生』(五四年)でジュディ・ガーランドを復活させ、オードリー・ヘップバーンの代表作『マイ・フェア・レディ』(六四年)をつくる人である。

一九二〇年代に全盛期を誇ったスワンソンは、このとき五十一歳、その相手役、駆け出しの脚本家の役には、モンゴメリー・クリフトを当てた。しかしクリフトは断ってきた。映画の設定のように、年上の女性の世話になった経験があったからだといわれる。そこでワイルダーは、やむなく新人のウィリアム・ホールデンを起用した。

『サンセット大通り』の風景

『サンセット大通り』はこんな物語である。

サイレント時代の栄光そのまま、ロサンゼルス・サンセット大通りの大邸宅に運転手を兼ねた老執事マックス(エリッヒ・フォン・シュトロハイム)と住むノーマ・デズモンド(グロリア・スワンソン)は、自分が映画女優としては過去の人にすぎないという事実を認めない。マックスも彼女の現状認識をさまたげ、むしろ夢の中に生きさせるべくつとめている。

その邸宅へ、破産した二十五歳の脚本家ジョー・ギリス(ウィリアム・ホールデン)が逃げ込んでくる。ノーマはジョーに、いずれ自分で主演するつもりで書いた脚本『サロメ』の手直しを頼む。こうして彼は住み込みのゴーストライターとなる。あるいは彼女に囲われる。

ある日、そんなノーマに撮影所から連絡があった。久しぶりのことだ。彼女は出演の依頼と信じ、クラシック・カーをマックスに運転させて意気揚々とMGMスタジオへ向かう。だが、予告なしの来訪に、撮影所はノーマの入場を拒む。守衛がノーマを知らないのである。昔なじみの老守衛長がまだ勤務していたためなんとか構内に入れたノーマは、セシル・B・デミル監督を訪ねる。現実に進行中の映画『サムソンとデリラ』の撮影現場にいたデミルは、愛想よくノーマとの久闊を叙すが、彼の依頼はノーマの出演ではなかった。彼女のクラシック・カーを撮影用に借りたいということだった。

やがてジョーは若い女性脚本家と知り合い、恋に落ちる。執事マックスはジョーに、ノーマには決して知られないように、と釘を刺す。マックスも実はサイレント時代の映画監督で、ノーマの最初の夫であった。

しかしジョーの恋愛を知ったノーマは激怒する。そうして、荷物をまとめて出て行こうとしたジョーを背後から撃つ。ジョーは邸宅のプールに落ちて死ぬ。

事件の一報に邸宅にむらがった報道陣のカメラを、映画撮影用のカメラと錯覚するまでに変調をきたしたノーマは、『サロメ』のセリフを口にしながら、二階から玄関ホールにつづく長い階段をしずしずと下りてくる――

「死者」によるナレーション

ノーマとマックスが住む家は、石油王ジャン・ポール・ゲティ前夫人の大邸宅を借りた。だが、そこには当時のアメリカ人が成功の象徴としたプールがなかった。撮影が終ったら埋めるという条件で庭にプールをつくった。撮影終了後、ゲティ前夫人が、プールは浄化装置をつけて残してもらいたいといったので、MGMは応じた。

この映画の冒頭シーンは、初号試写では遺体安置所になっていた。おなじ夜に死んだ「遺体たち」が、安置所で自分の死にかたなどについて雑談するのである。

死体のホールデンが、隣に横たわる男、シカゴからきたギャングの死体から死因を尋ねられ、「溺死」とこたえる。「その若さで?」といぶかしむ男に、ホールデンはいう。「その前に背中を撃たれていたんだ」

大柄な黒人の遺体が「ドジャースは勝ったか」と聞くので、「死んだのは朝刊の出る前だったので、わからない」とホールデンはこたえ、こう続けた。「ぼくの夢はプールのある家に住むことだった。夢はかなったが、そのプールで死んでしまった」

しかしこのシーンに試写の客は大笑いするばかりだった。ハリウッド映画の常識にとらわれた彼らは、このリアルで残酷なユーモアを解しなかったのである。

失望したワイルダーは遺体安置所のシーンをカットしてしまった。だが死んでしまったはずのウィリアム・ホールデンが、物語全体のナレーションを担当するというアイディアは残した。

『サンセット大通り』はこの年のアカデミー賞で脚本賞を得たが、作品賞、監督賞では、若い女優の演劇界での強烈な上昇志向をえがいた『イヴの総て』に敗れた。『イヴの総て』の監督はジョセフ・L・マンキーウィッツ、ワイルダーの三歳下、コロンビア大を出て四六年に監督昇格して間もないポーランド系ユダヤ移民の子であった。この映画にはブレイク直前のマリリン・モンローが小さな役で出演している。

「現代」を舞台にした傑作コメディ

『サンセット大通り』でワイルダーはウィリアム・ホールデンと親しくなったが、脚本共作者のチャールズ・ブラケットとの仕事は、これが最後になった。グロリア・スワンソンが美容と若返り、すなわち必死に「老い」に抵抗する姿は痛ましすぎてハリウッド文化になじまない、とブラケットは考えたのである。

その後のワイルダーは、ウィリアム・ホールデン主演で『第十七捕虜収容所』、ホールデンとハンフリー・ボガート、オードリー・ヘップバーン主演で『麗しのサブリナ』(五四年)を撮ったが、ハンフリー・ボガートとは不仲に終った。レイモンド・チャンドラーといい、『ワン、ツー、スリー』(六一年)でのジェイムズ・キャグニーといい、ワイルダーは「ハードボイルド系」とは相性が悪かったようだ。

蒸し暑いニューヨークの夏、涼をもとめて地下鉄の通風孔の上に二十九歳のマリリン・モンローを立たせ、風圧でスカートが高く舞い上がって脚の全貌を見せる『七年目の浮気』(五五年)のシーンは、ニューヨーク・ロケで撮影されたが、見物人が二万人集まったといわれる。

そのモンローは、利口者なのかただのセックス・シンボルなのか、役柄のようにわからない人だった。ジャック・レモン、トニー・カーティスと共演した喜劇『お熱いのがお好き』(五九年)では、二ページも続くセリフのあるシーンをわずか二十分でOKにしたかと思えば、おなじ作品で、たった一行のセリフを六十五回もリテークして一日半スタッフを待たせた。

モンローを「喜劇の天才」と形容したワイルダーだが、彼女の遅刻癖には悩まされつづけた。「月曜日撮影開始なら木曜日に出現する」といわれたモンローは、「目覚まし時計が壊れた」「踏切が開かなかった」「スタジオの場所がわからなかった」など、小学生のような遅刻の言い訳を繰り返すのである。すでにこの頃から彼女は精神安定のための薬品を多量に服用していた。

オードリー・ヘップバーン、ゲーリー・クーパー主演の『昼下りの情事』からワイルダーは、十四歳年少、コロンビア大学出で数学の天才といわれたI・A・L・ダイアモンドとの脚本共作を始めた。マレーネ・ディートリッヒ、チャールズ・ロートン主演の『情婦』(五八年)、ジャック・レモン、トニー・カーティス、マリリン・モンロー主演の『お熱いのがお好き』、ジャック・レモン、シャーリー・マクレーン主演で、アカデミー作品賞、監督賞、脚本賞などを得た『アパートの鍵貸します』(六〇年)とつづく四十歳台半ばからのこの一九五〇年代こそ、ワイルダーのもっとも実り多い十年間であった。

『アパートの鍵貸します』は、ニューヨークの大保険会社を舞台にした人間関係喜劇だが、まず驚かされるのは、その会社の事務フロアの体育館のような広大さだ。遠くで執務する社員の姿は小さくかすんでいる。一瞬、資本主義の非人間性を批判した映画かと思う。

平社員バクスター(ジャック・レモン)は、上司から、会社が退けるとすぐにパーティに出なくてはならない場合が多い、着替えるために社に近い君のアパートの部屋を貸して欲しいといわれ、やむなく応じる。そのかわり、といって上司は、幹部社員専用の手洗いの鍵を渡す。明らかに浮気の場所に使うと知りながらそれを受取ったバクスターだが、やがて自己嫌悪ゆえに眠れなくなり、体調を崩して精神の安定をそこなう。

上司が自分のアパートのベッドで同衾しているその相手がフラン(シャーリー・マクレーン)だと知った彼の失望は深い。彼女はバクスターの同僚で、日頃憎からず思っていた女性だからだ。

しかし、やがてバクスターは幹部社員専用手洗いの鍵を返し、上司をきっぱりと拒絶する。会社での将来は失われたが、最後にはフランと親しくなって孤独は癒される――

戦後すぐ、ノエル・カワードの戯曲をデビッド・リーンが、シリア・ジョンソンとトレバー・ハワード主演で映画化した『逢《あい》びき』(四五年)を見たワイルダーは、既婚者の二人が「逢いびき」の場所として友人のアパートを借りるという設定に強い印象を受けた。結局『逢びき』の男女はそこで思いをとげることなく別れるのだが、ワイルダーはその発想を借りて十五年後、まったく別の物語を『アパートの鍵貸します』で展開したのである。そうして現代資本主義の最前線を舞台に、速度感と苦い笑いに満ちた「スクリューボール・コメディ」の傑作が生まれた。

誰もが「老いる」

一九七〇年、六十四歳のワイルダーは『シャーロック・ホームズの冒険』をつくった。自分と共作者ダイアモンドの関係をホームズとジョン・ワトソンの関係に投影して、初めての自伝に近い作品として構想されたこの映画は三時間半にもなった。試写の際に一時間以上カットしたが、それ自体がワイルダーの「老い」をしめしていた。彼は嘆いた。「あらゆるものが長すぎる。そうでないのは人生とペニスだけだ」

ヨーロッパで撮られた『悲愁』(七八年)は、「永遠の若さ」という「ハリウッドの夢」を、母子二代の女優を主人公にえがいた作品で、いわば二十八年後の『サンセット大通り』であった。ウィリアム・ホールデンが主演だが、マイケル・ヨークとヘンリー・フォンダが実名で登場する。

「老い」から逃れようと必死の努力の末に娘の人生を台無しにしてしまうかつての大女優には、ワイルダーは最初ディートリッヒをイメージしたが、彼女は送られた脚本を間髪を入れずに送り返してきた。そこでワイルダーはその役にマルト・ケラーを当てたが、これは失敗だった。うまくいきそうもないとわかったあとでも、さらに適役の俳優を探さなかったことは、「映画はキャスティングに尽きる」というワイルダー自身の哲学に反していた。

女優たちはその全盛期の姿を永遠に映像として残す。しかるに現実の彼女たちは加齢する。ガルボ、ディートリッヒ、マクレーン、A・ヘップバーン、みな老いた。老いる姿を見せずにすんだ女優は、一九六二年八月、自宅のベッドの中で三十六歳で死んだモンローだけである。二〇一一年、『七年目の浮気』で彼女が地下鉄の通風孔の真上に立ったとき身につけていた衣裳、白いホルターネックのドレスがオークションに出品され、四百六十万ドルで落札された。

『新・おかしな二人　バディ・バディ』(八一年)はジャック・レモンとウォルター・マッソー主演の映画で、『恋人よ帰れ！　わが胸に』(六六年)、『おかしな二人』(六八年)以来のコンビ復活であった。父ロシア系、母リトアニア系、ニューヨーク生まれのユダヤ人であるマッソーとはさらに仕事をするつもりでいたワイルダーだが、これが彼の生涯最後の監督作品となった。

「頽廃芸術」に囲まれた長い晩年

ウォルター・マッソーは二〇〇〇年七月、七十九歳で亡くなる。翌二〇〇一年六月、長年の盟友ジャック・レモンが七十六歳で死ぬ。二人の死はワイルダーの深い失意を誘った。ウィリアム・ホールデンはすでに一九八一年、六十三歳で死んでいる。妻のわがままに苦しんだ末にアルコール依存症となったホールデンは、自宅で転倒してテーブルに頭を強く打ち、死後四日目に発見された。

三四年に所持金十一ドルで渡米して以来、収入の三分の一を美術品購入にあててきたワイルダーは、そのコレクションをときにオークションに出品しながら、老妻とともに晩年をすごした。コレクションの多くは、「頽廃芸術」としてナチスの接収と破壊からまぬがれた作品群であった。

酒を愛し、晩年近くまで愛煙家だったのに、ワイルダーは九十五歳と長命であった。八一年に事実上引退して二〇〇二年三月に亡くなるまで二十年におよぶ長い晩年にワイルダーが満足していたか、退屈を感じていたかはわからない。

トール・ヘイエルダール

世界への「再参加」と「探検記」

〈冒険家、海洋考古学者〉

■ Thor Heyerdahl
■ 2002年4月18日没(87歳)
■脳腫瘍

二〇〇二年四月十八日のトール・ヘイエルダールの死を新聞の訃報欄で知ったときの感想は、まだ生きていた、というものであった。八十七歳だから高齢には違いないが、ノルウェー人の彼を世界的な有名人にした「コン・ティキ号」の冒険、ペルーからタヒチまでのバルサの木の筏《いかだ》による航海が戦後間もない一九四七年、すでに半世紀以上が経過していたからである。

ヘイエルダールが書き一九四八年に刊行された航海記『コン・ティキ号探検記』の日本語訳は五一年に出た。この本は七十ヵ国語に訳されて総計五千万部売れたとされるが、小学校五年生だった私が一九六〇年、学校の図書室から借りて読んだのはそのジュニア版であった。

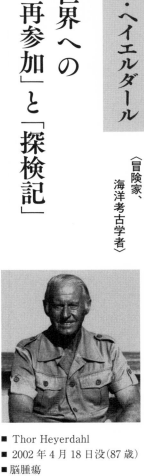

インカの筏を再現

コン・ティキ号は、長さ一三・五メートル、太さ六〇センチのバルサ材の丸太を九本束ねて固く結束、松材の垂下竜骨と舳先《へさき》を装着した筏であった。

九本の丸太の上に、長さ五・四メートル太さ三〇センチのバルサの横材を一メートルおきに八本並べて置き、やはり固く縛った。マングローブ材の一本帆柱は高さ八・七メートル、そこに長い顎鬚のインカの伝説的な王、コン・ティキの似顔を赤色でえがいた幅五・四メートル、高さ四・五メートルの主帆を張った。主帆上部に補助帆を張ることができたが、間切《まぎ》りながら風上に進む機能はなかった。固定舵のかわりに、硬いマングローブの木から削り出した六メートル近いオール舵を船尾から突き出し、それを人力で支えて直進させた。割り竹を並べた甲板上には、バナナの葉で屋根を葺《ふ》いた居住用の粗末な竹小屋があった。

乗り組んだのは六人、スウェーデン人ひとりを除いて五人がノルウェー人であった。オール舵を一日に四時間ずつ握るという計算だったし、天測、無線通信、調理、航海を写真とムービーで記録する係も必要だった。みな第二次世界大戦ではフィンランドで組織された対独組織、自由ノルウェー軍や対独レジスタンスのメンバーであった三十歳前後の青年たちで、当時三十二歳のヘイエルダールが在米ノルウェー大使館経由でリクルートした。

なぜ南米からポリネシアへバルサの筏で航海するのか。

少年期から海洋と島嶼《とうしょ》に深い興味を抱いていたヘイエルダールは、オスロ大学卒業後にポリネシアを旅し、島々に残る遺跡と習俗にインカ文明の痕跡を見た。そうしてインカ人が西暦五〇〇年頃、筏で太平洋を渡りポリネシア人となった、ポリネシア人の主食であるサツマイモも南米からもたらされたという仮説を立て、インカ文明を滅ぼしたスペイン人が残したスケッチからインカの筏を忠実に再現、自説を実証しようと考えたのである。

航海は「座礁」で達成

ヘイエルダールをリーダーとする一行は、一九四七年四月二十八日「コン・ティキ号」で東ポリネシアの島をめざし、リマの外港カヤオを出航した。旅の友は一羽のオウムであった。途中からカニがバルサの木の穴に棲みついて、ヨハンネスと名づけられた。水分をおぎなうもくろみで大量に積み込んだヤシの実は、航海途中で芽を出したり発酵したりしたが、その発酵果実がヨハンネスの食糧となった。バルサの木の中には南米の攻撃的なアリもひそんでいて、こちらは寝袋の中に入り込んで青年たちを容赦なく噛んだ。

水は一人当たり一日一リットルを基準に百二十日分積んだ。予備として節を抜いた三、四十本の竹をバルサの横材の間に並べ、清水を詰めて瀝青《れきせい》で栓をした。竹に詰めた水は六十日程度で腐ったが、天水でおぎない、魚をガーゼで包んでしぼった液体を飲んで、深刻な水不足は感じなかった。奇妙なことに、むしろ塩が足りず体調を崩した。そんなときは清水に海水を混ぜて飲んだ。

食糧はアメリカ軍に頼んで携行食糧(レーション)を大量に寄付してもらった。図々しいといわれかねないほど大胆なヘイエルダールは、連合軍のコネを強引に利用したのである。だが航海中には毎朝、筏の甲板上にトビウオやヤリイカが落ちていて、それを料理した。シイラ、カツオなどが釣れ、放っておいても筏につくフジツボはスープにした。

コン・ティキ号を巨大な流れ藻と思って、ずっとその下をついてくる魚たちもいた。アオザメの群れに囲まれもしたし、ゴンドウクジラの巨大な群れの真ん中に迷い込んだこともあった。嵐にも遭遇した。航海後半、ひとりが荒れる海に落ちた。回頭することができない筏だから、流されたらおしまいである。ひとりが命綱をつけて海に飛び込み、かろうじて仲間を救った。

航海七千四百キロの九十七日目、ポリネシア東端のサンゴ礁、プカ・プカ島を視認した。しかし接近できず、さらに海流に乗って西航、百二日目の八月七日、ラロイア環礁に座礁した。そこは二十世紀初め、フランス人画家ポール・ゴーガンが死んだ島の近くであったが、サンゴ礁の外側では波が砕け、礁湖への入り口は極端に狭く、自在に進退できない筏では安全に入ることができなかったのである。航海は破滅的に終ったものの、ヘイエルダールの冒険は成功した。オウムは大きな波にさらわれてしまったが、カニのヨハンネスはポリネシアに移住できた。

ジュニア版『コン・ティキ号探検記』を読み終った私は、興奮のあまりコン・ティキ号の模型をつくった。丸い木の箸を束ねた簡単な模型だが、そこに帆柱とコン・ティキ王の似顔を描いた帆、それにオール状の舵を添えた。

無謀な冒険?

このたび『コン・ティキ号探検記』を再読して、印象が多少変わった。この探検は無謀と勇気のはざまでなされたのである。

第一にヘイエルダールは泳げなかった。そのうえ、スペイン語が話せるのは、最後に加わったスウェーデン人ひとりだけだった。ヘイエルダールは、多孔質で非常に軽く、しかし水分を吸収しても強い浮力を保つバルサの筏をつくろうとしたのだが、直前までバルサの木がどこに生え、どのようにして手に入るかさえ知らなかった。

四七年の年明け、ヘイエルダールはあいまいな情報をもとにエクアドルに行き、アンデス山脈に分け入った。そのときも持ち前の交渉力で、エクアドル陸軍からジープと運転手兼通訳を調達した。だが奥地に入ると、スペイン語も解さないインディオの集落ばかりで、サソリと毒蛇の跋扈《ばっこ》するそこは、「太陽の東、月の西」と形容すべき未開の世界だった。

バルサの森を所有しているというエクアドル人に幸運にも出会い、伐採許可をもらった。しかし木材を山岳地帯から海に運ぶのが大仕事だった。伐採したバルサを川の堤から転げ落とし、そこで筏に組んで太平洋の河口まで流した。それをリマの外港カヤオまで運び、急ぎ組み上げて筏をつくった。南極からの強風が吹き始める三月末までに出航しなければならなかったが、とうてい間に合わず、バルサを乾燥させる時間もなかった。しかし木の内部に残った樹液で飽和状態を保って筏の浸水と沈没をまぬがれたのは、まさに怪我の功名であった。

出航予定日の朝、クルーがまだ乗りこんでいないのに、曳航《えいこう》ロープにつながれていたコン・ティキ号が突然動き出した。埠頭に集った見物人たちは、出航を祝ってやんやの喝采である。ペルー沖を北へ向かう強力なフンボルト海流を横断するまでの百キロメートルは、ペルー海軍の小型軍艦に牽引してもらう約束だったが、意志不疎通のため軍艦が牽引を始めてしまったのである。ヘイエルダールが必死に止めようとしたが言葉が通じない。縄梯子を駆け上った彼が艦上で大騒ぎをして、なんとか事なきを得た。

コン・ティキ号の本当の出航は、翌日午前、フンボルト海流を横断し終った軍艦グァルディアン・リオス号が曳航索を解いたときである。その日は風がなく、筏は大海をただようだけだったが、午後からは順風にかわり、一日平均百キロメートルほどの航行がつづいた。

この冒険航海がインカ帝国からポリネシアへの文化伝達と移民を実証したかというと、おおかたの研究者は否定的である。帆を操作して風上に切り上がることができない筏が、フンボルト海流を横断してポリネシアへ到達することはもとより不可能だという。サツマイモにしても、ポリネシアから南米に移入されたのではないかという説が多数派だった。ポリネシアからはるか南下、その後フンボルト海流に乗って北上すれば逆に南米大陸到達は可能だというのである。

しかしヘイエルダールの航海成功は世界を驚かせ、南米とポリネシアの交通の当否は別にして、「実験考古学」という学問分野をひらくことになった。

日本の子どもの「世界再参加」への思い

私は、もう一度船の模型をつくったことがある。

それは一九六二年八月、二十三歳の堀江謙一が単独で操る小型ヨットが太平洋横断に成功という新聞記事に、強い刺激を受けてのことだった。紡績会社からもらった帆布に人魚の会社マークがついていたので「マーメイド」と命名された全長五・八メートルのヨットは、六二年五月十二日、ひそかに西宮港を出港、航海九十四日、八月十二日にサンフランシスコ港に到着したのである。

堀江青年はパスポートを持っていなかった。当時無名の青年がアメリカに渡航するのはほぼ不可能、私費留学でも身元と財力をしめす書類、現地での引受人の証明が必要だった。ほかにフルブライト留学生やＡＦＳ(アメリカン・フィールド・サービス)、すなわち高校生の一年間交換留学があったが、どちらも狭き門だった。そんな時代、高校ヨット部で腕を磨きながら単独航走が性に合うと身にしみて感じ、卒業後は家業の工場を手伝っていた堀江謙一は「密出入国」せざるを得ず、そうすることによって「プロレタリアでも行けるアメリカ」を実証したのである。

ただし彼は、極限まで切り詰めた装備のほかに、友人からもらった五ドル札と二千円、それに革靴とヘアクリームを持っていた。アメリカに着いたら五ドルで床屋へ行き、二千円で大阪の実家に電報を打つつもりだった。刑務所か強制送還、どちらになるにしろ小ざっぱりしていたかったのである。

翌十三日の朝日新聞夕刊の見出しは「〝人命軽視の冒険〟」であった。だがアメリカはこの「密入国者」を歓迎した。冒険を好む文化風土、繁栄の余裕といった理由のほかに、たまたま同時期ランデブー飛行に成功したソ連の宇宙船ボストークを大ニュースにしたくない空気があった。そんなアメリカの報道ぶりが伝わった十四日の朝刊から、日本の新聞はトーンをかえた。「〝えらいことをやりおった〟米官憲も舌を巻く」「留置もせず、英雄扱い」

朝日新聞社の雑誌「週刊朝日」は、そのときロックフェラー財団研究員として東部の大学へ向かう途上でたまたま西海岸にいた江藤淳に、急遽インタビューを依頼した。

だが堀江謙一と六歳上の江藤淳の相性は、フィールドこそ違え、どちらも野心的な似た者同士だったせいか、まったくよくなかった。堀江謙一の「落着きのない抜け目なさ」を「現代日本青年の典型」とした江藤淳は、太平洋単独横断さえ「フェイク」と疑ったのである。

私は、その年の秋に出版された堀江謙一の手記『太平洋ひとりぼっち』を熱心に読み、そこに掲載された「マーメイド」の図面をもとに、バルサの薄板を張り合わせてその模型をつくろうとした。私の心中には、日本と日本人の「世界再参加」という願望があった。戦艦大和は巨大で美しかった。ゼロ戦は機能的で強かった。なぜ戦後日本は世界に参加できないのかという不満の具体化が「コン・ティキ号」や「マーメイド」の模型だったのである。

「探検記」と「東京オリンピック」

トール・ヘイエルダールの冒険人生は「コン・ティキ号」以後もつづいた。

一九六九年には古代エジプトの葦船を再現して「ラー号」と名づけ、モロッコから大西洋横断を試みた。それは「メキシコのアステカ文明は、エジプト移民がつくったのではないか」という仮説の実証を目的に行われた実験航海であった。このときは航海五千キロメートルで船が壊れて中断したが、翌七〇年にも「ラー2世号」で再挑戦、カリブ海のバルバドス島に到着した。七七年には、やはり葦船「チグリス号」でイラクのチグリス河とユーフラテス河合流点を出発、パキスタンを経てアフリカのジブチまで航海した。ヘイエルダールは探検チームの国際性を重視し、「ラー2世号」「チグリス号」には日本人カメラマンが乗り組んだ。

晩年のヘイエルダールは三番目の妻と北アフリカ沖、カナリア諸島中のテネリフェに住んで、つぎの研究フィールドに南太平洋サモアを想定していた。しかし二〇〇二年四月十八日、イタリア滞在中に亡くなった。

私が、日本の「世界再参加」がなされたと思ったのは一九六四年の東京オリンピックであった。この年中学三年生であった私がそれを実感したのは、日本選手の活躍によってではなかった。ヘーシンクが柔道で神永を破り、チャスラフスカが体操競技で華麗に演技し、そしてアベベがマラソンで優勝したときであった。アベベがトップに立って以来の一時間あまり、アフリカ人選手を見つめつづけたという経験そのものが感動的であった。さらに、全選手が混然と算を乱して国立競技場を歩いた六四年秋の夜の閉会式に、世界のあるべき姿を見た思いがしたのである。

「コン・ティキ号」の模型はやがて捨てられ、「マーメイド」の模型は完成しないうちに忘れられた。そうして半世紀あまり前の東京オリンピックがもたらした幻影も、世界と日本の現実にまぎれて消えた。

柳家小さん(五代目)

〈落語家〉

落語と剣道

■やなぎや・こさん
■ 2002年5月16日没(87歳)
■睡眠中に心不全で死去

一九九五(平成七)年、八十歳のとき古典落語の分野ではじめて重要無形文化財保持者(人間国宝)となった五代目柳家小さん(本名小林盛夫)は、翌九六年一月、脳梗塞で倒れた。しかし症状は軽く、脳の言語野にも影響はなかったので四月には高座に復帰した。

病後の口演ではやはり衰えは否定できなかったが、弟子の小三治は、「師匠は前よりずっといいよ。変に早口になったりするところがあって、それがすごくいい」(小林喜美子「父。小さん」)と小さんの娘、小林喜美子にいった。

八十歳までの小さんは、家の階段を二段跳びするくらいに元気で、さすが剣道で鍛えた体だと周囲に思われた。高座は掛け持ちで入れ、毎日スケジュール表はまっ黒だった。そのスケジュールを仕切っていたのが小林喜美子だった。

彼女は俳優座養成所十六期で一九六七(昭和四十二)年卒、翌年からは桐朋短大演劇科が養成所の役割を果たすことになったから最終期である。その後結婚したが男の子を二人産んで離婚、実家に戻って父のマネージャーになった。小さんは娘の出戻りをむしろ喜んだ。

二〇〇〇年、小さん八十五歳のとき、いちばん得意な「笠碁《かさご》」の口演でサゲを先にいってしまい、高座を下りるに下りられなくなった。このときは小林喜美子も小さんに、「お父さま、もうやめましょうね」と引退をうながした。小さんは、さらに二年近く高座に上がりつづけたが、〇二年二月二日、「小さん親子孫三人会」で区切りをつけることになった。「子」は小林喜美子の弟で名跡を継ぐ六代目小さん(柳家三語楼)、「孫」は小林喜美子の次男、柳家花緑《かろく》である。小さんの生涯最後の演目は「強情灸」であった。

まったくウケなかった「子ほめ」

五代目柳家小さんが「二・二六事件」に参加したことは広く知られている。本人がたびたび語り、自叙伝にも書いているからだ。自叙伝は『小さんの昔ばなし』(一九八八年、改訂新版九四年)、『咄も剣も自然体』(九四年)の二冊で、いずれも語り下ろしだが両者ともほぼ同じ内容、落語家修行時代というより軍隊の思い出が主である。

小さんは前座時代に現役兵として麻布の歩兵第三連隊に入営した。一九三六(昭和十一)年一月、二十一歳のときである。「歩三」は現在の国立新美術館の場所にあった。秩父宮が一時中隊長をつとめていた名門連隊で、宮と親しく、「二・二六事件」では鈴木貫太郎侍従長を襲撃した安藤輝三大尉が所属していた。

体格のよさを見込まれたか、小林盛夫は重さ六〇キロもある重機関銃隊に配属された。中隊長は「二・二六事件」の中心的人物のひとりで、事件直後に自裁した野中四郎大尉である。

事件前日の二月二十五日は井の頭公園まで完全装備の行軍演習だった。休息のとき公園で大福餅を買って、みんなでしこたま食べた。帰営してから、そのことでビンタをくらい、疲れ果てて泥のように眠っていた二十六日未明、「非常起こし」をかけられた。

儀礼用の正装「一装」を着用、二百四十発の重機関銃用実包を渡されて警視庁に向かった。兵隊はみな、演習か警備行動だと思っていたが、装塡した重機関銃を警視庁に向けて据え、小銃隊が建物内部に突入したとき、ただごとではないと気づいた。

「要するに、国を良くしようとして反乱したんですね。／当時は、農民やなんかが困窮で、娘を売ったりなんかしなきゃァやっていかれなかったん。これはひとえに政治が悪いんだ、いまの連中は怠慢だというんで、青年将校が反乱を起こしたわけなんです。まァいってみれば明治維新みたいなもんで、昭和維新を心がけて起《た》ち上がったんですね。／だけど、こっちァなんにも知らないで連れてかれちゃったゝ。巻き添えもいいとこですよ」(柳家小さん『小さんの昔ばなし』)

明け方から雪がしんしんと降り始めたその二十六日朝は、占領した警視庁で携行食の乾パンを食べた。昼は歩三の連隊から鶏肉入りのおむすびが届いた。夜も弁当がきた。お前噺家だそうだな、落語をやれ、と将校にいわれ、渋々「子ほめ」を兵隊たちの前で口演した。しかし誰もクスリとも笑わない。あれほどウケない「子ほめ」は後にも先にもない、とのちに小さんは回想した。

二十七日、戒厳令が布告されると配給がピタッと止まった。落語仲間に「オオノセ」(大食らい)で知られた小さんだから、空腹はこたえた。

二十七日夕方、三宅坂お濠の土手に重機関銃を据えた。夜、見回りの将校がやってきて、「ここがお前たちの死に場所だぞ」といった。鎮圧側のサーチライトで明るく照らし出されたが、撃ってこない。こちらが宮城を背にしているから撃てないのだな、と小さんは思った。

二十八日の朝、平河町に移動した。とにかく腹が減る。近所の民家で米をもらい、飯を炊いた。すると、平河町の坂上で帽子を回している将校が見えた。班長も幹部候補生も、いつの間にかいなくなっていた。みなで相談の上、「降参」に決した。機関銃の撃針を抜いて将校に渡し、近衛歩兵二連隊に収容された。いま赤坂サカスがある場所である。

降参後の二十九日の朝食は豪華だった。

憲兵に取り調べられたら、「知りません、存じません、上官の命令」という言葉だけを繰り返せと「上の者」に指示された。実際、何も知らないのである。

『小さんの昔ばなし』には、「野中大尉とかなんだとか、事件を起こした連中は、捕まって銃殺です」とあるが、野中大尉は二十九日に自決していた。安藤大尉らはその年七月十二日に銃殺された。安藤大尉が、夫人の必死の懇願にこたえて、あえてとどめを刺さなかった鈴木貫太郎は、奇跡的に一命をとりとめて敗戦直前に首相となり、日本を無条件降伏に導いた。

歩兵第三連隊は三六年五月満洲チチハルに移動した。二・二六事件の懲罰として満洲に送られたのだという説が流布したが、もともと満洲行きは決まっていたのだ、懲罰ではない、と小さんは強調する。映画『兵隊やくざ』(増村保造監督、勝新太郎主演)の舞台も北満だが、寒さ、暴力、慰安所、みなあのとおりだったと小さんはいう。その年末にいったん帰国、留守隊勤務となったが、三八年、三年兵の小さんは初年兵を連れて再び満洲へ向かい、北満・泰安鎮《たいあんちん》で勤務し、そこで上等兵に昇任した。除隊は三九年三月、三年三ヵ月の兵隊生活であった。

剣道より落語

小さんは幼少時から話好きで、その話しぶりは巧みだったから日比谷尋常小学校時代には、各クラスから「お座敷」がかかった。また自宅に道場をつくって晩年まで鍛錬しつづけ、範士七段まで進んだ剣道は麴町高等小学校時代以来である。

その後、東京市立商業学校夜間部に進んだが、父親が脳溢血で亡くなったので、学校を退いて父親が勤務していた法律事務所の給仕になった。この時期、江戸末期の剣客・千葉周作の孫に剣道を学び、剣道で身を立てるか、それとも好きで描いていた絵の道に進むか迷っていた。しかし十六歳のとき四谷の寄席で落語のおもしろさに触れ、自分のもうひとつの特技、話芸で生きていこうと決意して四代柳家小さんに入門した。

四代小さんは当時落語界一の人格者として知られた人である。その先代、三代は、小さんと同時代に生きられるのは幸運だ、と漱石にいわしめた名人であった。のちに五代となる小さんは、三代の落語をレコード音源でしか聞いたことがなかった。だが、彼は四代小さんの弟子でありながら、三代小さんの「影法師」と呼ばれたほど芸風の相似した七代三笑亭可楽に稽古をつけてもらったことがあるので、三代の芸はいくらか受け継いだ。

除隊後は二ツ目小きんとして東宝名人会などに出演した。東宝名人会は丸の内、新宿・帝都座、神楽坂などで開かれていたので掛け持ちすれば月に百円から百五十円、現在的価値では三、四十万円の収入になった。大先輩たちに小きんの芸が注目され始めたこの頃、二歳年長の生代子《きよこ》夫人と結婚した。

再召集されたのは戦局頽勢の四三年暮れであった。

「要領」ですごした仏印の軍隊生活

小さんは翌四四年春、南方へ向かう船に乗せられた。すでに制海権を失っていたから、輸送船は敵潜水艦の攻撃におびえながら航行した。東シナ海で魚雷攻撃を受けたが操舵士の機転できわどく撃沈をまぬがれ、全速力で台湾・基隆《キールン》港へ逃げ込んだ。さらに航海はつづき、水の色がメコン河の泥で変わったとき、初めて行く先が仏印(フランス領インドシナ=ベトナム)だと知った。

サイゴン(現ホーチミン)から汽車で「ナトラン」へ行った。そこが勤務地で、小さんらの隊の任務は飛行場の守備であった。ローマ字表記ではナトランと読めるが、ニャチャンのことだ。小さんが「ヌックマン」と音訳したのは魚醤「ニョクマム」である。

すでに古兵の兵長であったことに加え、もともと小さんの性格にはそういうところもあったのだろう、「一に要領二に要領、三四も要領五も要領」といわれた軍隊生活を、いじめもいじめられもせず、「順調に」すごした。字のうまい兵隊はいないかといわれれば率先して手をあげ、代書兵となってラクをした。剣道好きの将校が稽古相手を探していると知れば、すぐに志願した。

「あたしなぞは、要領とくればちょいと人には負けません。なにせ、楽することばかりを考えてましたからね」(『小さんの昔ばなし』)

当時、ドイツ軍占領下のフランスはヴィシー政権とともに日本軍とは停戦状態にあった。攻撃があるとすれば、連合軍の飛行場空襲とゲリラの襲撃くらいである。おまけにニャチャンは海岸リゾートとして知られた土地柄だったから、現地在住のフランス人女性が水着姿で海岸にやってくるのを、小さんたちは毎日眺めていた。

しかし四五年に入ると情勢は変わる。三月十日、連合軍に解放されて連合国側となったフランス軍を日本軍は攻撃した。弱い軍隊とはいえ、撃てばあたる。日本軍の曹長が射殺されたとき、捕まえたフランス兵の日記をベトナム人通訳が読んで下士官殺害の記事を見つけた。このフランス兵は処刑されたが、ずっと「セポマー」(セ・パ・モア=俺じゃない)と叫びつづけていたという。

ないも同然の日本軍の対空火力をなめて超低空飛行してきたグラマンに向け、ある日、無駄と知りながら重機関銃を撃つと、たまたま曳光弾《えいこうだん》が開けたままの風防のなかに吸い込まれた。グラマンはゆっくり海上に落下した。

やがて終戦。

ベトナム人の態度が一変した。至るところで暴動が起こり、将校と下士官が殺された。日本兵は疑わしいベトナム人を捕まえては拷問した。

「え?　あたしですか?　あたしは、ひとりもつかまえませんでした。え?　それなら殴らなかったのかって?　殴りませんとも、あたしは。ほんの一回、通りがかりにちょいと張り倒しただけでした」

日本軍は中国軍の捕虜になると聞いたときの小さんの感想。

「覚悟を決めました。だって、ずいぶん酷いことをしたんですからね、日本軍は。／こりゃァきっと酷い目にあう」

「ところがです。蔣介石という人は、大したもんですな。／「日本軍に対して、決して恨みを持って扱ってはいかん。（……）昔のことはみんな忘れて、きちんと取り扱わなくてはいけない」／これには助かりました。本当にありがたかった」（『小さんの昔ばなし』）

武装解除されたが自衛用の武器は残してくれた。「エツメイ党」（越盟＝ベトミン）の襲撃から自衛するためである。中国軍の師団長と日本軍の部隊長が陸軍士官学校の同期だったことも好待遇の理由だった。それからハノイに送られ、フランス軍の管理下に入った。ハノイ港を攻撃した「エツメイ党」を制圧できないフランス軍が、何とかしてくれ、と日本軍に頼んできたのでたちまち撃退した——といった。小さんの回想は、数少ない仏印戦線の記録である。

帰国は四六年五月、久里浜に着いて「リンゴの唄」を聞き、その明るさに驚いた。合計五年九ヵ月の軍隊暮らしが終った。

「最年少」の会長で苦労

東京で焼け残った寄席は人形町末廣だけだったが、落語界も徐々に復活する。

四七年一月には古今亭志ん生が、三月には三遊亭圓生が、いずれも大連から引き上げてきた。噺家修行の二十代を戦地で費やした二ツ目小きんも稽古に励み、四七年九月、小三治の名跡を継いで真打になった。その一ヵ月間の真打披露の最終日、ずっと口上を言いつづけてくれた師匠・四代小さんが上野鈴本の楽屋で倒れ、そのまま いけなくなった。青天の霹靂であった。五〇年九月、小三治は正式に五代小さんを襲名した。後見は桂文楽であった。

落語協会会長はこのとき八代桂文治、五五年に文楽にかわり、五七年からは志ん生がつとめた。六三年に志ん生が辞めるとき、つぎは誰がよかろうと尋ねた文楽に、志ん生はこたえた。「盛夫(小さん)だ」

だが、このとき四十八歳の小さんでは会長としては若すぎる。協会内に異論も多かろうと思いはかった文楽は、自らもう一期二年つないで、六五年に跡を圓生に譲った。

圓生の次代、七二年からが小さん会長で、十二期二十四年つとめた。小さんは、就任するとすぐ協会事務所を家賃四万円で借り、その後ビルを建てた。事務担当を七人雇い、隣接した土地が売りに出るとそれも買った。

小さんには経営手腕があった。あるいは持ち前の「要領のよさ」の手柄か。

小さん会長の時代の七八年、真打大量昇進問題を機に協会の分裂騒動が起きた。六〇年代後半からの落語ブームで入門者が大幅に増え、十五年たっても真打になれないものが七十人もいた。これまでのペースで昇進をはかるなら何十年かかるかわからない。解決の道として十人を一気に真打にしようとしたのである。

これに強く反発したのが圓生で、圓生は弟子の圓楽、若手ナンバーワンの古今亭志ん朝とともに落語協会を離脱して新協会設立を計画した。しかしこの試みは、席亭主人たちの賛同を得られず、失敗に終った。新協会の噺家は寄席に出られなくなると知った志ん朝は、自分の弟子たちのことを考えて泣く泣く落語協会に戻った。新協会の会長は自分ではなく志ん朝だと圓生に知らされた談志は、それより早くに戻っていた。結局、圓生と圓楽が別の道をたどった。

小さん会長の統率力を問われた大きな事件だが、九四年に刊行された自伝『咄も剣も自然体』にはこの事件に関して二ページしか割かれていない。あとは「二・二六事件」と軍隊時代の思い出ばかりで、前作と同工ほぼ同曲である。

この事件の根には、圓生と八代林家正蔵(のち彦六)の感情の行き違いがあり、小さん会長と圓生の対立が原因ではなかったと語るのは、圓生の惣領弟子圓楽である。

「年齢でも芸歴でも後輩の小さん師匠は、会長とはいえ二人の仲裁にはいるのは難しかった。脱退の翌年に師匠(圓生)は急死。小さん師匠は、わざわざ私を上座に据えて協会復帰を語りかけてくれたこともありました。でも、私には三十人余り弟子がいましたから、彼らの将来を考えて結局復帰はしませんでした」(「週刊新潮」二〇〇二年五月三十日号「「2・26事件」で高座　柳家小さん師匠の「勲章」」)

志ん生は小さんの二十五歳上、文楽は二十三歳上、正蔵(彦六)は二十歳上、圓生は十五歳上であった。巨匠たちの中では、小さんはとびぬけて若かったのである。

二〇〇二年三月初め、小さんは出先で転倒して顔を怪我した。四月、上野に好物の豚カツを食べに出かけて風邪をひいた。五月十五日夜、近所のなじみの寿司屋からやはり好物のちらし寿司をとり、きれいに食べた。翌日朝、小林喜美子が起こしに行くと、小さんは蒲団の中で亡くなっていた。八十七歳の穏やかな死であった。

矢川澄子

「不治の少女」

〈翻訳家、作家、澁澤龍彦前夫人〉

■やがわ・すみこ
■ 2002年5月29日没(71歳)
■自死

矢川澄子は二歳年上の澁澤龍彦と、一九五九(昭和三十四)年、四年のつきあいののち二十八歳で結婚、鎌倉・小町の家に住んだ。「美少年」澁澤龍彦と「永遠の少女」矢川澄子は、周囲から奇跡のカップルといわれた。

間もなく澁澤龍彦はサド侯爵の著作の翻訳で知られ、多忙の人となったが、矢川澄子は彼の仕事を助け、同居した澁澤の母と妹に気を遣い、ひっきりなしに訪れる若い芸術家たちを接待した。

だが六八年春、三十七歳で彼女は澁澤と離婚した。

澁澤の知名度が上がり収入も増え、六六年八月、鎌倉・山ノ内の借地に家を新築して一家は転居したが、その頃から澁澤の母・妹と矢川澄子の関係は微妙になっていたようだ。そんなとき詩人・

思想家の谷川雁が彼女に接近してきた。四十歳が近づいて漠然ときざした「自立」への希望を彼女が口にすると、澁澤家側から翻意への強い働きかけがなく、瓢簞から駒が出てしまった気配がある。澁澤と別れても結局谷川雁と再婚せず、児童書の翻訳家、作家としてひとりで生きた。

六九年、福音館書店から勧められて、ヤーノシュとチムニクの児童文学を翻訳出版すると売れた。高い評価も得た。七四年には詩集『戯れ唄集　ことばの国のアリス』を出し、七七年にはエッセイ集『静かな終末』を刊行した。

一九八〇年、五十歳のとき彼女は東京から長野県黒姫の森のなかに建てた家に転居した。二十一年あまりそこで暮らし、その「森の家」で二〇〇二年に亡くなった。七十一歳だった。

澁澤龍彥との出会い

矢川澄子は一九三〇年、教育学者で大学教授の父矢川徳光と、自由学園高等部に学んだ山手の医家の娘、民子の間に生まれた。東京北西部の雑司が谷で幼少期を過ごし、七歳のとき、三十五区に拡大された東京府の新設区、世田谷に移った。五人姉妹の二番目で、姉はバイオリニスト、二番目の妹は母の姉夫婦の養女となって小池姓を名のり、のちに美術空間プロデューサーとして知られる小池一子である。姉妹中でもひときわ小柄だった美少女澄子は、いまだ田園の面影濃い世田谷での暮らしをたのしんだ。

しかし府立第十一高女(現・桜町高校)生だった四五年五月、山の手大空襲とともに牧歌の時代は去った。戦後の四八年、旧制で東京女子大に進み、五一年、二十歳で卒業した。この頃から岩波書店で『六法全書』の版下をつくるアルバイトをはじめ、五三年、新制学習院大学に編入した。同年、試験を受けて岩波書店の「外校正《そと》」(社外校正者)となった。澁澤龍彦とは「外校正」の同僚として五五年はじめに知りあった。色が白くて鼻が高い「美少年」、そのうえ頭がいい澁澤に矢川澄子は強く惹かれた。澁澤がサド侯爵作品の最初の翻訳『恋の駆引』を世に問い、三島由紀夫に絶賛された年であった。

福音館書店からも編集の仕事を請け負って学費を捻出しながら学習院を卒業、東大文学部美学美術史学科に学士入学したばかりの五五年春、彼女は澁澤といっしょに紀伊國屋書店の洋書売場で本の注文書を書いていた。そのとき、たまたまカウンターの隣にいた屈強な隻手の青年がおなじ本を注文しているのに気づき、それを契機に親しくなった。東大空手部OBで、のちにサンスクリット文学研究者となる松山俊太郎であった。

結婚して住んだ鎌倉・小町の家では階下に義母と義妹が暮らし、二階を夫婦の居室を兼ねた書斎とした。その二階をたびたび訪れて酒宴を張ったのは、松山俊太郎のほか、舞踏家の土方巽《たつみ》、俳人の加藤郁乎《いくや》らであった。そのほか時に応じて写真家の細江英公《えいこう》、富岡多恵子、池田満寿夫、谷川雁、フランス文学の出口裕弘《ゆうこう》、ドイツ文学の種村季弘《すえひろ》、画家の金子國義、劇作家の唐十郎、詩人の白石かずこ、人形作家の四谷シモンらがまどいに加わった。彼らをもてなすために澄子は階下の台所で料理をつくっては、風のように階段を上り下りした。三島由紀夫は毎年正月二日、鎌倉の川端康成邸に年賀に訪れたあと澁澤・矢川の家に顔を出した。しかしある年、すでに酔いのまわった富岡多恵子らいつものメンバーが三島に挑戦的に接し、愛想はよくとも本質的には他者との関係づくりが苦手な彼をたじたじとさせた。

六〇年四月、澁澤が翻訳したサド『悪徳の栄え』が発禁処分を受けた。東京地検は版元と澁澤を猥褻文書販売の容疑で起訴し、六一年一月、いわゆる「サド裁判」が始まった。十七回の公判を経た六二年十月、一審無罪判決が出たが、この裁判でサドとサディズム、それに澁澤龍彥の名前は全国の早熟な高校生に広く知られるところとなった。

五十をすぎて「孤児」に

矢川澄子の父徳光は、戦前、ソビエト連邦における教育の研究で知られた人だが、戦中に大日本青少年団本部戦時生活部長に就任、戦後「追放」の対象となった。結婚前の彼女が自活しなければならなかったのはそのためである。やがて追放解除された徳光は、再びソ連邦・社会主義圏の教育研究に従事した。

一九六〇年代後半、まだ二十代だった編集者・俳人の齋藤愼爾《しんじ》は、埴谷雄高の家で矢川澄子を

「矢川徳光の娘で」と紹介された。戦前からの有名人で、ことに戦後に大きな影響力を持ったはずの矢川徳光を齋藤愼爾は知らなかった。

そのとき矢川澄子は、「いまや矢川徳光を知らない世代が出てきたのね」と「半ば呆れたように」呟いた。「その口調に暗い悲哀めいたものも合わせ感じ」た齋藤愼爾は言葉を失った。それは「矢川さんにとって、父の存在というものがどんなに重いものであったか、その明証を垣間見た瞬間」(齋藤愼爾「少女流謫」)であった。

その矢川徳光は八二年、八十一歳で亡くなった。九一年のソ連消滅以前に死んだのは、父にとってせめてもの幸せだったという矢川澄子は、晩年の父親をこう書いている。

「数年前妻が倒れたのと自身の立居が不自由になったのが重なって急速におかしくなった。いま彼のことばはほとんど誰にも通じない。通じるのはめちゃくちゃな甘えと苛立ちだけだ。これほどの人間不信、これほどの飢えがいままでどこに押隠されていたのか」(「救われている子供」)

五十歳をすぎて自分が「孤児」になったことを苦く実感した矢川澄子だが、「偉大な父親」の影響を受けて育ったという記憶は彼女の核心に残った。父鷗外を恋する生涯を送った森茉莉と親しんだのも、『「父の娘」たち　森茉莉とアナイス・ニン』(九七年)を書いたのも、彼女自身が「父の娘」だったからである。

森茉莉は矢川澄子が黒姫に移住した七年後、一九八七年六月六日に八十四歳で亡くなった。世田谷区経堂のワンルームマンションで遺体が「発見」されたのは二日後であった。

密葬の前に遺体と対面した矢川澄子は書く。

「それは茉莉さんのお顔であって、しかも茉莉さんの顔ではなかった」「臨終の顔をととのえてあげられる看取り手も居合《いあわ》せず、二日間自然のままに委ねられた顔。ひとりで暮すということは、この面相をも引受けるということなのか。茉莉さん、ごりっぱ、とつぶやきながら、わたしはやたらに薔薇の花びらをまきちらしていた」(「至福の晩年」)

その八七年夏、澁澤龍彥は慈恵医大病院に入院中であった。発見の遅れた下咽頭がんで声を失っていた澁澤を、矢川澄子は七月三十一日に見舞った。帰る彼女を、澁澤は点滴のスタンドを押しながらエレベーター前まで見送った。

〈別れぎわ、二人はおのずと握手しあっていた。顔と顔がすこし近づいた。少女はとっさにのび上って、ささやいた。／「もう一度だけ、おにいちゃんとよばせてね」／くしゅんと、声にならない笑い声がした〉(「おにいちゃん」)

五十七歳の「少女」を見送った「おにいちゃん」は、その五日後に亡くなった。

「森の家」

八〇年、五十歳で彼女が長野県黒姫に移住したのは、先に移住していた谷川雁に強く誘われてのことだった。

体が大きく声も大きい、存在感のありすぎる谷川雁に、矢川澄子は父の面影を見たのであろう、一時強く惹かれた。しかしこのときの谷川はすでに家庭を持ち、矢川澄子が建てた四間(約七・二メートル)四方、十六坪の家は、谷川家の森を隔てた隣にあった。

黒姫は、春から秋までは美しく過ごしやすいが、冬の四ヵ月は雪に埋もれる寒冷地である。運転免許を持たない彼女は、移動の際にはいつもタクシーを呼んだ。食料品や日用品はファクスで長野のデパートの外商部に注文して、まとめて届けてもらった。東京にもしばしば出かけたが、移住当初は四時間かかったものが、長野新幹線開通後は二時間になったので大いに助かった。

山でのひとり住まいに寂しさは感じないといったが、それでもときに東京と友人に飢えたか、九四年、六十三歳のとき年若い友人たちと共同で「東京での住居」という名目で、杉並区荻窪にマンションを借りた。友人たちとは、元編集者で舞踏家の室野井洋子、カメラマンの広瀬勉、それからバンド「たま」のボーカリストだった知久寿焼《としあき》で、部屋は別々、キッチンとダイニングはいっしょの約束で、上京するとそこに滞在した。そんな「疑似家族」のメンバーではなかったが、『「父の娘」たち』で挿画を依頼した画家兼歌手の原マスミとも親しんだ。

作家・森まゆみは、『大正美人伝　林きむ子の生涯』の取材の過程で矢川澄子と知りあった。六十代後半の彼女との初対面の印象を森まゆみはこう書いた。

〈独特な感じの服を着て、薄いスカーフを巻いて妖精のようだった。声がすきとおったソプラノで、ときどき自分の言葉を確かめるように小さく「うん」とうなづいた。華奢で緻密な矢川さんといると、自分がウドの大木のように粗雑なものに思えた〉(「私の知ってる矢川さん」)

夏、森まゆみは子連れで軽井沢に出かけた折、足をのばして黒姫の矢川邸で一泊した。矢川邸は、玄関から表の自動車道路まで、書庫、客間を兼ねた細長い黒塗りの一棟が雪対策のため増築され、「森の家」はますます瀟洒な印象であった。

〈女性一人が文筆のみで、こんなに閑寂な住いを持てることに驚いた。子ども三人にわずらわされながら都心の借家でかつかつに仕事をしている私には、信じられないようなうらやましい暮し〉

〈いつも、まゆみさんは大変ね、といって下さるので、身から出たサビですから、というと、子どもを持つ女の人がそのくらいの気持でいてくれたら、子どものいない私たちもラクなのに、といった〉

年を経ても彼女の澁澤龍彥への思い、彼とともに過ごした時代への愛着は変わらなかった。むしろ歳月とともに強まるようであった。しかしただひとつ、子どもを持てなかったことを深い悔いとしていることが感じられた。実際、彼女は結婚以前も含め、何度か中絶していた。それは澁澤の強い希望に従った結果であった。

矢川澄子はこうもいった。「これから澁澤のことを本格的に書こうと思うの」

この言葉に森まゆみは、「もう十分にお書きになったじゃありませんか」といいたかった。だが、澁澤について書くことが自分の使命だと信じているようすの矢川澄子を前にして、口に出せなかった。

森まゆみは、さらに書いた。

〈作品そのものよりも、誰かのオクサンであったり、恋人であることの方が重要視され、神話化されていくのは困ったことだ。そして誰かのオクサンであり、恋人であるつながりにおいてのみ、女はそのサークルに存在を許され、その誰かと切れてしまえば、すべてのつながりが断たれ、あとは男たちの互助会のようなものがすべてを担っていく。そんなことの被害を十分かぶっているはずの矢川さんこそ、早くそこから離脱してほしかったと思う〉

「不治の少女」

二〇〇二年五月、矢川澄子は三冊目の長編エッセイ『アナイス・ニンの少女時代』を刊行した。奥付の発行日は五月三十日であった。この本は彼女の贈呈リストに従って、版元から友人たちに送られ、五月二十九日に届いた。

その五月二十九日朝、黒姫の家の玄関近くで縊死した矢川澄子が発見された。見つけたのは宅配業者で、玄関のドアは施錠されていなかった。多色の編み紐が梁《はり》にかけられ、原マスミの音楽テープがエンドレスで演奏されていた。

訃報に接した若い友人たちは驚いた。しかし必ずしも意外とは感じなかった。

矢川澄子は老いても仲間内で、また業界で、「永遠の少女」「不滅の少女」といわれた。彼女自身は、ときに「不治の少女」と自嘲した。「少女」のまま「老女」となった彼女は、七十一歳の「老少女」として去った。

ナンシー関

「心に一人のナンシーを」

〈コラムニスト、消しゴム版画家〉

■ナンシー・せき
■ 2002年6月12日没(39歳)
■虚血性心不全

二〇〇二年六月十一日午後七時頃、コラムニスト・消しゴム版画家のナンシー関は、友人と待ち合せた中目黒の飲食店に出向いた。いつものように食べ、飲んで、祐天寺の自宅マンションに帰ろうとひとりでタクシーに乗ったのは十時頃だった。

ナンシーがタクシーの中で突然意識をなくしたので、運転手は東横線祐天寺駅前の交番に車をつけた。そこから駒沢の東京医療センターに救急搬送された。しかしすでに心肺停止の状態で、六月十二日未明、死亡宣告がなされた。四十歳になるひと月前であった。このあたりの経緯は、「心に一人のナンシーを」という副題が付された横田増生『評伝 ナンシー関』にくわしい。

病院のスタッフは、ナンシーの携帯の住所録から同姓の名前を探し出して電話した。新宿のビリヤード屋で電話を受けたのは元編集者の男性だった。たまたま同姓であった彼は、病院に向かいながら共通の知り合いに電話し、東京在住のナンシーの妹とも連絡をとろうとした。だが妹は留守電の表示に気づかず折り返さなかったので、青森の実家に急を告げた。間もなく妹も病院にやってきた。

青森から駆けつけた母親が田舎に残った父親に、「お父さん、お父さん、直美ちゃん、ひゃっこく(冷たく)なった」と電話で話している声を聞いたとき、はじめて彼はナンシーの死を実感した。

「図工といえば版画」だった

ナンシー関は一九六二年、青森市で食堂、駄菓子屋、ガラス屋を経営する関家の長女として生まれ、直美と命名された。家業はのちガラス屋一本にしぼった。彼女はラジオ深夜放送を愛した世代で、高校三年が終る頃始まった「ビートたけしのオールナイトニッポン」から、語り口とものの見方に深い影響を受けた。青森は棟方志功の出身地で、図工といえば版画だったから、彼女が高校時代に「消しゴム版画」を彫り始めたのは自然なことであった。

八二年、一年浪人ののち法政大学文学部第二部日本文学科に入学、その年の十一月、天野祐吉と島森路子が中心であった「広告批評」(マドラ出版)が開校していた広告学校に入った。その年、コピーライターを経てエッセイストとして売り出した「林真理子みたいになりたい」という動機だった。

当初ナンシーは「広告学校に三ヵ月通えば、仕事の世話をしてくれるもの」と思っていた。

広告学校の同級生からコラムニスト・えのきどいちろうを紹介され、彼を通じて当時講談社「ホットドッグ・プレス」の若い編集者であったいとうせいこうと出会った。小さなイラストを発注してくれたいとうは、関直美にペンネームをつけてやって欲しいというえのきどの頼みに気軽に応じ、ペーター佐藤とかスージー甘金とか国籍不明のペンネームがイラストレーターに流行していた折から、直美の「ナ」をとってナンシー関はどうかと提案し、その場で決まった名前で彼女は生涯をすごすことになった。

その頃すでに大学から遠ざかり、コピーライターへの興味も喪失していた彼女は、高校以来の自分の得意技「消しゴム版画」を武器に雑誌業界で生きられないかと考えた。

テレビ批評コラムは、八九年、十代向け少女雑誌「ポップティーン」で初めて書いた。その冒頭、二十六歳のナンシーの言葉。

「若者よ、ばかを恐れるな。ばかになるけどテレビを見よう。テレビはぜんぜんこれっぽっちも役に立たないけどおもしろいぞ。何いってんだかなぁ」

最後の「何いってんだかなぁ」は自分の発言に対する批評「自分ツッコミ」で、ナンシーの文体の特徴である。「心に一人のナンシーを」といったのは、のちに「CREA」誌上で対談を連載した民俗学者の大月隆寛だが、それは誰でも自分に対する批評眼を忘れるな、の意味であった。

「町内」を代行した民放テレビ

一九六〇年代に番組の基本形を開発しつくした感のある民放テレビは、七〇年代には視聴者参加の方向へ向かった。その最初の番組が七一年、素人の少年少女に歌わせ、最後に各芸能プロダクションがせり落とす『スター誕生』である。七八年には、歌謡番組『ザ・ベストテン』が始まり、八〇年、漫才ブームを起こす『THE MANZAI』が放映された。関直美がナンシー関となった八五年には、久米宏がキャスターをつとめる『ニュースステーション』が始まった。

八〇年代後半の民放テレビ、ことにトーク番組とワイドショーは日本社会の反映そのものと思われた。トーク番組に出没するタレント(お笑い芸人)たちが、失われて久しい「町内の人々」を代替するなら、ワイドショーは「町内の噂」の代行者である。そこで語られることはすべてが「楽屋落ち」または「全国的ウチワウケ」の様相を呈するのは、すでに「全国一町内」なのだと考えれば腑に落ちる。

そのような民放テレビの好業績と極端な大衆化、消費人材として多数の「タレント」「お笑い芸人」を必要とする時代に、ナンシーはテレビとのつきあいを深くした。元来、強度の近視で、普段は人の顔もよく認識できない彼女だから、テレビの生理である「クローズアップ」と元来親和性があった。

ナンシー関は部屋に閉じこもって画面を凝視しながら、彼らの「騒々しい芸」による自己主張と、「テレビ的人間関係」の中での生き残りへの努力を批判的に見ようとした。それはバブル経済前後の日本社会の姿そのものであった。

〈たけし・さんま世紀末特別番組!! 世界超偉人500万人伝説「笑える度200% 驚く度300% シリーズ最高作だゾ」㊙オナラ大王vs103歳の超好色老人▽UFOを着陸させる男vs宇宙警察長官vs㊙雲を消す男▽チンチン音頭vs㊙インチキ医〉

新聞のテレビ番組表、日本テレビ、一九九七年四月二日、午後七時から八時五十四分までの番組の「紹介」である。ここでは意味はもとめられていない。何かを伝えようとする気もない。なのに冗談のつもりでもなさそうだから世も末なのである。

限りなくバカの方へ突進する、あるいは、けたたましい無内容をめざして空転するテレビと、それを軽んじつつけっこう見ている私たちの関係を、ナンシー関はこんなふうに言語化した。

〈こういうのってハナでせせら笑ってもダメなんである。相手はこれだけズレた事をやってる人間なんだから「ハナでせせら」という意味など通じない。無視しても無駄。怒らないとだめなんだけど、こんなもの怒るの嫌だしなあ、という「とほほー」によって出来る国民感情の弛緩部分に巣喰っているのである〉(『テレビ消灯時間』)

「現代史」をテレビ評で書く

最初は売り込みに際し過剰におずおずとして、不審がられながら何時間も無言のまま「ビックリハウス」編集部で座っていたりした関直美だが、ナンシー関になりかわって仕事は増えた。

一九八八年、二十六歳頃には「週刊プレイボーイ」「月刊カドカワ」「サンデー毎日」等から注文を受け、八九年には「月刊プレイボーイ」で内藤陳《ないとうちん》の読書コラム「読まずに死ねるか」のイラストを担当した。多くは「消しゴム版画」の注文であった。ステッドラー社の大きなサイズの消しゴムの版面に人物の特徴を摑み出し、そこに「ひとこと」批評的な文言を添える手法(プロ野球監督夫人で、テレビでの奔放・乱暴な発言で一時知られた野村沙知代《さちよ》の肖像に「おだまり」、またオウム真理教の標的にされながら実態解明につとめたジャーナリスト江川紹子には「紹子の春」と添えるなど)が受け、連載十三本におよんだ。

八九年、ヒノデワシという文具メーカーがナンシーを訪ね、版画用の消しゴムをつくりたいと申し出た。試行錯誤の末に「はんけしくん」の商品名で売り出し、売上げの十パーセントを占める主力商品となった。だがナンシー関は、この頃からテレビ批評文に力を入れ、「消しゴム版画」の方は従、いわば「サインがわり」または「商標」と化していた。

この時期、ナンシー関は珍芸タレントと目され何度かテレビに出演した。しかし九二年末、「C

REA」誌上で大月隆寛との連載対談が始まった頃、出演をやめた。「業界人」になってしまえばテレビ批評はできないと考えたのである。

九三年は彼女の転機であった。年初から「週刊朝日」のコラム「小耳にはさもう」が、十月からは「週刊文春」で「テレビ消灯時間」が始まり、いずれも彼女の死までつづいた。

ナンシー作品、とくにその文章を高く評価する山藤章二は、「評伝」の著者・横田増生にこのように語った。

「ナンシーの場合は、自分の美意識にそぐわないターゲットを見つけたときに、本気を出しますよね。親の仇を探して、一〇年、二〇年という執念のようなものが感じられる。（……）ナンシーの審美眼にそぐわないのは、〝夜郎自大なヤツ〟とか〝世間をなめているヤツ〟、〝羞恥心のないヤツ〟とか、この種の輩《やから》ですね」

「ナンシーの絵は、その文章とは対照的にゆるい作りになっていて、全体でバランスがとれているんです。（……）まずコラムニストとして一〇〇点ですね。それに絵を加えて一二〇点、さらに消しゴムの横に添える一言で一三〇点」

究極の大衆化のさなか、民放テレビの番組は「派手で貧乏くさい」空気を全身にまとった。ナンシー関はそれを「イブ・サンローランの便所スリッパとか、松阪牛しゃぶしゃぶ食べ放題ただし制限時間90分」みたいなものだといった。

ナンシー関は「見た自分が悪かった」と、ときどきため息をついた。しかし、テレビ批評をしているというより、テレビ内部の現象から「現代史」を見通すという、まったくあたらしいジャンルの開拓者であり実践者である身としては、テレビとの骨がらみのつきあいはやむを得ないことだった。

民放で「27時間テレビ」という長い番組(?)をやっていた日、ナンシーは友人と電話中、「どうよ、27時間テレビ」と尋ねた。別に答えを期待するでもなく、「どうなってんのよこの湿気」とおなじ調子で口にしただけだったが、友人は「何ソレ?」といった。

虚を衝かれたナンシーは書いた。

〈私はその友人に憧れた。「フジテレビの27時間テレビ」なんていう、人間にとって人生にとって本当に瑣末なことに惑わされないという正義。27時間テレビのことをふと思ってしまう私は、何と情けない人間なんだろうか〉

〈「何ソレ?」と言える人間に憧れながらも、「何ソレ?」で済ますわけにもいかないという、この、何というのか、人間の業?(半疑問形)どうでもいいか〉(「週刊文春」九九年七月二十九日号)

運転免許を三年かけて取る

一九九五年、ナンシー関は目黒区祐天寺にマンションを買い、妹との同居を切り上げた。買うにあたって、頭金は出せるけれど内装をあたらしくする資金がないから貸して、と田舎の母親に電話した。直美ちゃんのお嫁入りのために貯金してあるから大丈夫、と母親はいった。するとすぐに、銀行が貸してくれることになったから、もういい、と連絡があった。すでに彼女の実績と知名度が「信用」になっていたのである。

そのマンションに住んだ彼女はほとんど引きこもり状態でテレビを見つづけ、原稿を書きつづけた。原稿のあがりは遅かったが、一度も落としたことはなかった。

ナンシーの体重は増えた。というより、古い友人には体積が倍増した印象だった。体重は高校以来量ったことがない。九〇年代半ば以降には、たまに外出すると二十メートルから三十メートル歩くごとに電柱につかまって休んだ。それでもタバコはやめず、一日にショートピースを二、三十本吸った。酒席では人の三倍くらい飲んだ。

運転免許を取りたがったのも、歩くのがつらかったからだろう。九八年春から個人レッスンについた。個人レッスンを始めて試験場で合格するまで、いちばん短くて二ヵ月、平均六ヵ月だというが、ナンシーの場合、それではおさまらなかった。週二回の練習ということで始めたが、それが週一回になり、一年後には月一回になった。それでも二〇〇〇年には熱心さをやや取り戻し、その年の秋、一回で仮免試験に受かった。

本試験は二〇〇一年四月、三回目で合格した。教習三百時間、三年かけて免許を取った人は初めてだ、よくあきらめなかった、と千人以上に教えたチューターはナンシーをほめた。合格するとすぐにドイツ車のゴルフを買い、ベテランのドライバーと同乗してだが、箱根に出掛けた。

以前は嫌っていたカラオケも九三年頃からは好むようになっていた。ある夜、いとうせいこうが銀座のカラオケボックスから、作家の宮部みゆきといっしょにいるんだが、と電話をすると「駆けつけてきた」。そのときナンシーが歌った内藤やす子の「弟よ」は、宮部みゆきによると「ソウルがこもった」感じだった。

宮部は、ナンシーが批評する番組とタレントの名前の七割まで知らなかったが、「言語化できないことをさらりと表現できる」ナンシーのコラムのファンで、彼女の訃報に接したとき、司馬遼太郎に死なれたときの司馬ファンはこんな気持なのだろうと思った。

「あ、いまナンシーが来た」

ナンシーが亡くなった六月十二日未明、病院に駆けつけた「テレビ消灯時間」の担当者・朝香寿美枝は、霊安室でナンシーの意識を感じた。そのナンシーは、「あちゃー、(死んだのは)夢じゃなくって現実みたいだな」とつぶやいていた。

二歳下の妹・真里は、ナンシーの着替えを祐天寺のマンションに取りに行った。部屋の照明もクーラーもつけたまま、流しには洗い物が放置され、まだナンシーの日常はつづいているようだった。

亡くなった日の夜、「ＣＲＥＡ」の連載対談を、三代目の相手リリー・フランキーと中目黒のなじみの焼き肉屋で行うことになっていた。リリー・フランキーは、対談相手の不在を承知で店に出向いた。あきらめきれない感じの関係者が三々五々集まったとき、店内をすーっと風が通り、ＣＤの音楽が突然ぴたりと止まった。店のママは、あ、いまナンシーが来た、と思った。

「まじめな人でしたから、あの人は。うちで対談するという約束を果たさないまま、逝ったのが心残りだったんだと思います」

その日、病院の要請で行政解剖されたナンシーの遺体は霊柩車にのせられ、十時間以上かけて青森に帰った。通夜と告別式は六月十六日だった。「週刊朝日」の「小耳にはさもう」の担当者・高橋伸児によると、その日の羽田発青森行き朝一番の飛行機の客のほとんどが喪服姿の編集者と関係者だった。

岡田正泰

弱小球団と「東京音頭」の物語

〈看板業、ヤクルトスワローズ私設応援団長〉

© いしいひさいち

■おかだ・まさやす
■2002年7月30日没(71歳)
■急性肺炎

東京・杉並区永福町の看板屋、岡田正泰がプロ野球チーム東京ヤクルトスワローズの前身、国鉄スワローズの試合を初めて見たのは一九五二(昭和二十七)年、後楽園球場であった。セントラル、パシフィック両リーグ成立三年目のその年からプロ野球はフランチャイズ制を敷き、国鉄、読売、毎日、大映、東急の五球団が後楽園球場を本拠地とした。

たまたま入場券をもらった岡田正泰は、まだ結婚前だった千鶴子夫人と観戦したのだが、驚いたのは国鉄側スタンドのさびしさだった。読売巨人側は満員なのに国鉄側は社員を応援動員してもがらがら、そのうえ巨人ファンからのヤジはひどいものだった。このとき岡田正泰持ち前の「判官びいき」に火がつき、その後五十年つづく私設応援団長への道筋がしめされた。

二年後、岡田は家業の看板づくりの腕を活かしてプラカードをつくり、鳴り物としてフライパンを叩くようになった。のちには神宮外苑で練習していた大学浪人のトランペッターを加え、「東京音頭」を球団応援歌とし、さらにビニール傘を観客が上下させる応援方法を編み出した。それらはみな、少ない国鉄(産経、ヤクルト)ファンを多く見せたいという動機から発想されたのである。

拍手、歌声、トランペットの音、なにごとも大きく、というのが岡田の応援指揮スタイルで、自作のプラカードには「大声! ワァー」と書かれ、岡田はいつも外野スタンド最前列で試合には背を向けて、「大きくやれぇ! 大きくっ!」と国鉄ファンに叫んだ。試合を見ている応援団員には、「野球見にきてんじゃないんだぞ」と叱った。ときに、スタンドにいる修学旅行生や外国人観光客をにわか応援団長に仕立て上げ、音頭をとらせた。

金田正一のワンマンチーム国鉄

実際、国鉄スワローズは弱くて人気のない球団だった。

下山定則国鉄総裁が常磐線の線路上で死んだ翌年、国鉄スワローズは八番目のチームとしてセ・リーグに加入したのだが、親会社を国鉄本社にすると国有鉄道法に抵触する。そこで国鉄外郭団体である交通協力会、鉄道弘済会、日本交通公社、日本通運などを親会社とした。急遽結成したため、プロ経験者の選手は一人だけ、あとは社会人や大学のチームからの寄せ集めであった。

一九五〇年の開幕シーズンでは三月下旬から十四連敗、四月下旬からも十連敗を喫して、たちまち最下位に沈んだ。しかしシーズンも終りに近い八月、名古屋・享栄商業を中退させた金田正一を入団させると、彼はシーズン終了までに八勝をあげ、やはり弱小であった広島カープを抜いて七位となった。だが一位の松竹ロビンスからは五七・五ゲーム差であった。

翌五一年、金田は二十二勝、最多奪三振のタイトルを得、ノーヒットノーランも達成した。この年、国鉄が五位となったのも金田のおかげである。五二年、岡田正泰が初めてスワローズの試合を見た年も五位、五十勝のうち二十四勝を金田があげた。

五三年最下位、五四年と五五年は五位、五六年から五八年までは四位だったが、金田のワンマンチームでありつづけた。五五年、金田は三百五十奪三振でボブ・フェラーの世界記録三百四十八を抜いた。

五七年、金田はキャリア二千奪三振と完全試合を達成して、最多勝、防御率一位、最多奪三振で二度目の沢村賞を獲得した。五八年にはデビュー戦の長嶋茂雄と対して四打席連続三振、この年も最多勝、防御率一位、最多奪三振、三年連続で沢村賞を得た。国鉄の野手には宇野光雄、箱田淳、町田行彦、飯田徳治、佐藤孝夫、根来《ねごろ》広光らがいたが、五八年六月、早くも通算二百勝をあげた金田正一の前に影が薄かった。

金田は六二年、三千五百九奪三振でウォルター・ジョンソンの生涯記録を抜いたのだが、この年の国鉄のチーム打率は二割一厘、三百十三得点という記録的な貧打ぶりであった。このような環境にあったにもかかわらず、六三年、金田は三百勝を達成した。

プロ野球に見る「戦後」産業興亡史

国鉄が神宮球場を本拠地としたのは六四年、東京オリンピックの年からである。金田が十四年連続二十勝投手となったのも六四年だが、その二年前、国鉄スワローズにフジサンケイグループの資本が入った。そうしてシーズン終了後、金田は巨人に移籍、国鉄は球団経営から手を引いた。翌六五年にサンケイスワローズとなったが、その年オフの第一回ドラフトでは指名十一人のうち九人が入団を辞退した。

六六年、サンケイアトムズと球団名をかえた。産経新聞が撤退してヤクルト本社に譲渡した六九年には、親会社名抜きのアトムズと名のった。七〇年からはヤクルトアトムズ、七三年、手塚治虫の虫プロが倒産して「鉄腕アトム」のキャラクターが使えなくなり、ヤクルトスワローズとあらためた。

二リーグ制発足直後には、鉄道会社を親会社とする球団が国鉄を始め七球団もあった。新聞は読売、中日、毎日、西日本新聞の四社、のち一時サンケイが加わり、松竹、大映と映画会社が二社、五四年に東映が参加して三社となった。ほかに捕鯨業の全盛期を五〇年代に迎えていた大洋漁業のチームがあった。

しかし現在、鉄道系は阪神、西武、新聞系は読売、中日だけである。映画会社系はすべて姿を消し、食品系では大洋漁業にかわって日本ハム、ロッテ、ヤクルトが参入した。独立系ともいうべき広島は地域に定着して久しいが、金融系のオリックス、情報通信系の楽天、ＤｅＮＡ、ソフトバンクがあらたに参入、「戦後」の産業興亡を如実に物語る。

ヤクルトスワローズとなっても、ガラガラの神宮球場スタンドはかわらなかった。それでいて巨人戦のときだけは、入りきれないビジター側のファンがヤクルト応援席に移動してくるという情けない光景がしばしば見られた。

作家の村上春樹はヤクルトのファンで、上京した六八年以来しばしば神宮球場に出向いた。午後八時半以降は無料開放される外野芝生席のスロープに敷いた「サンケイスポーツ」に腰をおろして生ビールを飲みながら、「まあ人生、負けることに慣れておくのも大事だから」（村上春樹「ヤクルト・スワローズ詩集」）と諦観しつつ、「ほとんど天文学的な数の負け試合を目撃し続け」るのをひそかなたのしみとした。

〈言い換えれば「今日もまた負けた」という世界のあり方に、自分の身体を徐々に慣らしていったわけだ。（……）人生の本当の知恵は「どのように相手に勝つか」よりはむしろ、「どのようにうまく負けるか」というところから育っていく〉

「東京音頭」と「ビニール傘」

村上春樹は、八二年に自分が『ヤクルト・スワローズ詩集』五百部を自費で刊行していたという短編フィクション「ヤクルト・スワローズ詩集」を「文學界」二〇一九年八月号に発表した。『羊をめぐる冒険』を書きあげる少し前にあたる。

その『詩集』中、「右翼手」と題された一編。

「僕は右翼外野席の後方で／少し生ぬるくなったビールを飲んでいる。／いつものように。／相手チームのバッターは右翼フライを打ち上げる。／簡単なポップ・フライ。／大きく上がって、スピードもない。／風も止んでいる。／太陽も眩しくない。／いただきだ。／君は両手を軽く上げ／三メートルほど前に進む。／オーケー。／僕はビールを一口飲み、／ボールが落ちてくるのを待つ。／ボールは／正確に物差しで測ったみたいに／君のちょうど三メートル背後に落ちる。／宇宙の端っこを木槌で軽く叩いたみたいに／ことんと、乾いた音を立てて。／僕は思う。／どうしてこんなチームを僕は／応援することになったのだろう。／それこそなんというか／宇宙規模の謎だ。」

落球したのはアルトゥーロ・ロペスだと思う。

プエルトリコ人のロペスは六八年、東京オリオンズに入団した。右投げ右打ちの二十代のはずが、ハワイ・キャンプにやってきたのは、三十歳の左投げ左打ちの選手だった。球団がヤンキースのへクター・ロペスと間違えて契約したのだという。ヤンキースでメジャーに一年だけ所属したアルトゥーロの移籍金は千ドルであった。

当時、オリオンズは南千住の東京球場を本拠地としていたが、後楽園より狭いその球場で、アルトゥーロ・ロペスはジョージ・アルトマンとクリーンアップを組み、六八年から七一年までの四年間で九十一本のホームランを打った。打率は六九年から七一年まで三割台を維持した。七二年、ロペスはヤクルトアトムズに移籍した。

東京球場より広い神宮球場では、ホームランは二年間で二十五本に落ちた。大洋ホエールズのクリート・ボイヤーの平凡なライトフライを落球したのは七二年六月二十一日であった。ロペスの落球に始まって大洋は十一人連続出塁、合計十一点をあげるというリーグ記録を達成した。

「東京音頭」は東京球場時代の一九六五年前後から、東京オリオンズの応援歌として歌われていた。それが神宮のヤクルトスワローズに移ったのは七〇年代後半、ほぼ同時にビニール傘を上下させる応援が始まった。当初はスタンドに落ちていた傘を拾った岡田正泰が、あくまでも応援団を多く見せるための小道具のひとつとして使ったのだが、そのうち径の小さな緑色のビニール傘をヤクルト球団が応援グッズとして売り出すようになった。

マウンド上ではつねに不安げな表情のエース松岡弘《ひろむ》の加入は六八年である。三原脩が監督になったのは七一年。七二年に若松勉が首位打者となり、この年入団早々「ペンギン投法」の安田猛が防御率一位、短足のふたりが奮闘した。安田は七三年も防御率一位。七五年には日本ハムからホームラン・バッターの大杉勝男が移籍した。「赤鬼」チャーリー・マニエルが加わったのは七六年である。七四年、荒川博が監督に就任、松岡が十七勝、浅野啓司が防御率二位と健闘して十三年ぶりに三位Aクラスになったものの、シーズン成績は六十勝六十三敗七引き分けと負け越した。

七六年のシーズン途中で荒川は退任、ヘッドコーチの広岡達朗が監督に昇格した。背筋のピンと伸びた広岡は、選手よりユニフォームが似合った。この年、セ・リーグ全球団に負け越したものの最下位はまぬがれた。七七年、二年目のチャーリー・マニエルが四十二本のホームランを放ち、二度目の首位打者となった若松、それに大杉の活躍で二位でシーズンを終えた。翌七八年はヘッドコーチに森昌彦を招いて、初めてユマでキャンプを張った。そこでテスト入団させたデーブ・ヒルトンは思わぬ拾い物だった。

七八年のヤクルトは前半首位で折り返したが、八月には巨人に四・五ゲーム差の二位に落ちた。しかし八月二十六日からの対巨人三連戦を松岡と安田で二勝一分け、九月十七日にマジックが点灯した。九月十九日からは三試合連続で劇的なサヨナラ勝ちをおさめ、十月四日、神宮球場での中日戦に勝って、球団創設以来二十九年目にして初優勝した。MVPは若松勉であった。この年のペナントレースを、海老沢泰久が広岡を中心に小説『監督』に書いている。日本シリーズでもヤクルトは阪急を四勝三敗で降し、日本一となった。

優勝を決めた試合のあとスワローズ・ナインは神宮球場のグラウンドを一周した。その中に岡田正泰もまじっていたのは前代未聞のことだが、大杉勝男が招き入れてくれた。「応援団は出すぎちゃいけないんだけど、このときだけは許してもらった」と岡田はいった。

不滅のキャラクター「応援団長」

岡田正泰は家業の看板屋の仕事を応援のために休むことはなかった。試合の日も永福町の自宅で仕事を終え、ナイトゲームではたいてい四回か五回になってから球場入りした。

喜劇役者の大村崑に似た鼻眼鏡の岡田は、やはりヤクルトファンのいしいひさいちのマンガの登場人物となった。広岡、安田、広沢克実、池山隆寛らもキャラクターとして愛され、広岡はその後いしいの文芸出版業界風刺漫画『文豪春秋』にも小説家ヒロオカ・タツゾーとして登場した。安田は性狷介なヒロオカのご機嫌をとる編集者ヤスダ役であった。いしい作品でのオカダの職業は食堂経営や青果店などとされたが、ヤクルトと「東京音頭」ひと筋の不滅のキャラクターとなった。

ヤクルトの初優勝以後、岡田はときおりメディアの取材を受けた。

〈「優勝したらやめよう」と思っていたがなかなか優勝しない。二十四年間応援を続け、ようやく優勝したときには野球より応援自体にハマッていた。（……）「よくやってきたよ。オレにはこれだけだ。子供がいないからできたのかな。ヤクルトファンなら、みんな子供みたいな気がするんだ

な」〉（「ＳＰＡ！」九二年十一月二十五日号）

二〇〇二年七月十九日から、ヤクルトの札幌遠征にも岡田正泰は自費で同行した。しかし東京と気温が違いすぎたせいか、帰京後に風邪をこじらせた。二十九日の夜、水が飲みたいというので千鶴子夫人が水の入ったグラスを渡した。すわったまま飲み干した岡田は、そのまま前のめりに倒れた。まるで千鶴子に謝っているかのようだった。すぐに緊急搬送されたが、三十日午前に息をひきとった。七十一歳だった。八月一日の告別式では、いしいひさいちのキャラクターが飾られ、太鼓やトランペットにあわせてビニール傘が舞う「東京音頭」に送られて岡田は旅立った。

2003年に死んだ人々

尹学準
安原顯
天本英世
加藤大治郎／阿部典史
チャールズ・ブロンソン／西村彦次
ネルソン吉村大志郎

尹学準

密航以来五十年

〈朝鮮両班《ヤンバン》・時調《シジョ》（朝鮮詩）研究家、法政大学教授〉

■ユン・ハクチュン、いんがくじゅん
■ 2003年1月12日没（70歳）
■突発性間質性肺炎

「ボクはね、潜水艦に乗って日本に来たんだ」

一九八〇年代なかば頃、在日コリアンの尹学準はこういった。それはカッコいいですね、と私はこたえた。どこの潜水艦ですか？

私は「潜水艦」が「密航」の隠語だとは知らなかったのである。

一九五三（昭和二十八）年四月、二十歳の尹学準は釜山から日本行き密航船に乗った。しかし海上保安庁の巡視艇に見つかり、佐賀県唐津の警備救難署に留置された。強制送還されても韓国には身を置く場所がない。警備救難署の二階から飛び降りて逃亡した。

「李継栄《りけいえい》」名義の幽霊外国人登録証を手に入れ、在日コリアンのネットワークに頼って漢方薬の行商などで生活を立てた。小田切秀雄のもとで日本のプロレタリア文学を研究しようと法政大学文学部に入学した。卒業後、朝鮮総連系の新聞社に入ったが、六七年、北朝鮮および総連と訣別した。その後は大学の非常勤講師、翻訳などで暮らした。一九七六年、東京入国管理局に自首して収監されたが、罰金三万円を払って釈放され、特別在留資格を得た。このとき晴れて尹学準に戻った。

「朝鮮にも詩があった」

尹学準は小学校最上級生のとき、慶尚北道醴泉《イエチョン》で「解放」を迎えた。もうガソリンがわりの松《しょう》根油《こんゆ》採集のために松の枝を集めなくてもいいと思うと嬉しかった。先生たちは「国防色」の洋服で戦闘帽をかぶり、脚にゲートルを巻いた姿から、一朝にしてパジ・チョゴリ、トゥルマギ(周衣)の朝鮮服にかわった。二人いた日本人の先生と、いつもどなってばかりいた先生は消えていた。本姓を朝鮮音で呼ばれても、「イェー」という返事ができず、つい「はいっ!」と日本語が口をつくものがいると級友たちは明るく笑った。

〈(それまでは)教室や校庭で朝鮮語を使うと「国語常用」の札を首に掛けられ罰せられたりしたが、今度は日本語を使うと先生たちにこっぴどくしかられたりした。/朝鮮語を使って勉強ができ、だれはばかることなしに、自由に朝鮮語をはなし、遊んだりするということ、しばらくの間は、なにからなにまで感動の連続であった〉(尹学準『時調　朝鮮の詩心』)

しかし問題は朝鮮語で書かれた教科書がないことだった。算数や理科は日本語のテキストをそのまま使い、授業だけ朝鮮語で行った。歴史の時間は、先生が朝鮮の建国神話や新羅の花郎徒《ファラント》の話、乙支文徳《ウルチャムンドク》、李舜臣《イスンシ》の武勇談、李朝の建国譚から「生六臣」「死六臣」の物語を、まるで講談のように語ってくれた。

家では朝鮮語を喋っていても朝鮮文字《ハングル》を知らなかった子どもたちは、先生が黒板に書いたテキストを書き写すことから始めた。国語の時間、先生は自分の書いたハングルの連なりを、教壇上をゆっくり歩きながら朗々たる声で読んだ。それは「時調《シジョ》」というものだった。朝鮮にも詩があったのだと尹学準少年は嬉しく思った。「時調」は三行四十五字内外を基本とし、三・四調、四・四調の基本韻律でなりたっている。高麗末期の十二世紀から十三世紀にかけて定まったとされるその古格が、日本語の現代詩に慣れた目にはむしろ新鮮だった。

村を破壊した「人民軍」

旧制中学から大邱《テグ》の嶺南《ヨンナム》大学専科に入って間もない一九五〇年六月二十五日、突然金日成の北朝鮮軍が南進してきた。大邱の街では憲兵が出動して、日曜日の休暇で外出中の国軍兵士を片っ端から軍用トラックに乗せていた。いよいよ人民軍が来る、中国で関東軍を震えあがらせたという金武亭《キムムジョン》将軍が李承晩《イスンマン》政権から解放してくれる、と尹学準ら左翼学生らは勇躍し、南に避難する人々の波に逆らって北上、故郷の村に帰った。

尹学準の村もそうだが、日本時代以前も以後も家格を誇った特権階級両班《ヤンバン》の村では、どこであれ一日千秋の気分で人民軍の到来を待っていた。日本時代に左傾した青年はみな両班村出身の青年たちであった。彼らは解放後に南朝鮮労働党員となり、現政権の弾圧を嫌って武装遊撃隊として山中にこもるか、遠く越北していた。両班とは本来保守の権化のはずだから異なことだが、日本でも左傾青年はほとんど良家の子弟であった。

一方、「革命」を望んでしかるべき常民の村はどこも反共で、南労党と人民軍を心から恐れていた。しかし人民軍の圧倒的勢いに国軍と国連軍は撤退につぐ撤退、五〇年九月上旬には全朝鮮の共産化は目前と思われた。

尹学準の両班村にも人民軍はやってきた。先行したのは「政治工作隊」で、その長は二十二、三歳の金日成大学の学生であった。抵抗を受けることなく村に入った彼は「朝鮮民主青年同盟」の村本部委員会を組織し、その結成大会に村民を動員した。同盟本部委員長に指名されたのは親の代からの作男、二十代なかばの青年であった。「革命」の主役は貧農・小作という「理論」にもとづいて、若い政治工作隊長はもっとも「出身成分」のよい彼を杓子定規に選んだのである。

当人は、「まことにおとなしい、感じのいい人であった」が「小学校すら行ったことがなく、まったくの無学で、いろはの〝い〟の字も知らぬ人だった」。「私は彼が委員長になったことについて、少なからず感動した。新しい時代の到来を見たような新鮮な驚きであった」（尹学準『オンドル夜話——現代両班考』）

だがそれは「一人よがりのセンチメンタリズム」に過ぎなかったようで、委員長に指名された本人は、気の毒なくらいにしょげていた。

〈「おら、なんも知らねえ、どうしたらいいべか。偉《えれ》えさんにいって何とかしてけれ!」と胸をかきむしらんばかりに言った。（……）／なにしろ字が読めない。大会報告は代りの人が読むとしても、簡単なあいさつぐらいは委員長がしなければならない。つきっきりで手とり足とり教えてから壇上へ送りだしたのだが、演壇に上ったとたん、無数の視線の集中を受けて、すっかりあがってしまった。（……）「あっしはなんも知りやせん。ごめんなさい……」と一言いって、あたふたと降りてしまった。／大変な失態であった。だが、この失態を人々は笑わなかった。笑うどころか、作男をこのような窮地に追い込んだ政治工作隊を憎んだ〉（同前）

さらに政治工作隊は占領地の「土地改革」を断行した。富農・中農から土地を取り上げ、小作人や貧農に分配したのだが、それは村の秩序を破壊する行為でもあった。土地を与えられた小作人や貧農は喜ぶどころか、ひたすら困惑するばかりだった。

それ以上に不可解だったのは、南朝鮮労働党員となったのちに命からがら越北して行った両班の子弟らが、誰一人として戻ってこなかったことだった。彼らはすでに北朝鮮で粛清されていたのである。それでも尹学準ら左傾青年たちは、北に失望するまでには至らなかった。

密航から北朝鮮との訣別まで

一九五〇年九月十五日、マッカーサー将軍が黄海側から仁川《インチョン》上陸作戦を実行した。さらに日本海側元山《ウォンサン》にも国連軍を上陸させ、南北に長く延びた人民軍の補給路を断った。

上陸作戦から間もない九月下旬、尹学準は朝鮮人民軍に志願入隊するため、同じ志を持つ友人たちと北上した。人民軍の基地にたどり着いて入隊の意志を伝えたが、撤退作業でてんやわんやの基地ではそれどころでなかった。このとき入隊できなかったことは、尹学準の生涯最大の幸運であった。

故郷に帰ると、今度は「アカ」として狙われる身となった。人民軍入隊の前祝いにと、農民が命のつぎに大切にする牛を「反動農家」から徴発して全員で食べてしまっていたので、農民と警察、それに「西北青年団」に追われた。北から逃げてきた「西北青年団」は反共暴力集団で、彼らにつかまれば命はなかった。

畑に隠れて起き伏した。やがて父親が田を売ってつくった金を持って港町釜山へ行き、密航船をさがした。終戦直後に日本から引き上げてきた人々のうちの少なくない部分が再び日本を目指したので、密航船は頻繁に出ていた。五三年四月、二十歳の尹学準は初めて日本の土を踏んだ。

日本で尹学準がもっとも意外に思ったのは、朝鮮戦争を仕掛けたのは北と南、どちらかという議論がつづいていたことであった。アメリカ帝国主義と李承晩の軍隊が先に北進し、人民軍がそれを撃退して南下したという主張が主流をなしているようで、朝鮮戦争体験者としてはとんでもない議論だった。だが、社会主義国家は本質において平和を愛好するはずだから、米帝と李承晩政権をなにがなんでも侵略者にしなくては日本では通りがよくないのだろうと思った。

若い日本人を相手に、日本帝国主義の犯罪を告発し、朝鮮と朝鮮人が受けた被害について語ると、みな恐れ入って沈黙することにも驚いた。それは気持よいくらいだった。のちに、その気持よさが在日コリアンと韓国知識人をダメにしているのではないかと考え、自制した。

一時は朝鮮総連の活動家のひとりであった尹学準だが、六七年、「五・二五教示」で金日成の絶対権力化、すなわち「神格化」と、国民の「出身成分」による「階層」分類がしめされたとき、それに異を唱える「反党分派分子」として組織を追われた。「五・二五教示」は、当時公称二十五歳にすぎなかった金正日が出したもので、それは金正日が金日成の後継者となったという「社会主義国」での権力世襲宣言であった。

七〇年代、彼の抱いていた「民族主義」は「郷愁」と「愛郷」の心になりかわった。そんなとき六歳年長の朝鮮文学研究者田中明から、郷愁は郷愁として、冷静に朝鮮文学と朝鮮文化を見直し相対化してみてはどうか、とアドバイスを受けた。具体的には、朝鮮文化に骨がらみの「両班」のありかたと、近代化に邁進する本国では忘れられかけている「時調」に関する本の執筆の誘いであった。

両班とは高麗朝以来の知的特権階級のことで、当初は軍事専門の武班《ムバン》と中国的教養をはかる科挙に受かった高級官僚、文班《ムンバン》に分かれていたが、李朝初期に武班はすたれ、文班の独擅場となった。科挙は李朝終焉以前に廃されたものの、日本時代となっても両班の誇り高さは岩盤のように残った。そうして、その科挙的教養を根拠に、異族の清朝ではなく、朝鮮こそが明国の正統を継ぐ「中華」であるという意識は強固に維持され、海東の小国である日本への差別感をつのらせた。

田中明は、戦後の日本知識人に流行した「朝鮮＝あわれな被害者」という思い込みではコリアはわからないとして、両班文化の現代におけるあらわれを記述してはどうか、と尹学準を促したのである。

「常識的」にコリアを見る

田中明は一九二六(大正十五)年、愛知県に生まれ、朝鮮京城《けいじょう》に育った。京城・龍山《りゅうざん》中学を卒業後、海軍経理学校に入った。経理学校の学生であったとき終戦、日本に戻り旧制第八高等学校から東大に進んで、中日新聞を経て朝日新聞記者となった。

四十代後半に至ったとき田中明は「朝日ジャーナル」記者として韓国取材に出向いた。それを契機に「故郷」コリアの勉強を志し、七二年、四十五歳のとき韓国留学を決意して辞表を出した。だが、休職して行けばいいと上司にいわれ、従った。

帰国後『ソウル実感録』(七五年)を書き、七九年に退社した。『常識的朝鮮論のすすめ』を書いた八一年から拓殖大学海外事情研究所教授をつとめた。田中明の態度は、流行の反政府的気分や「道徳的」罪悪感になずんでコリアをうんぬんするのではなく、あくまでも冷静な観察にもとづく実証、すなわち「常識」にのっとって見るということに尽きた。それ自体が当時の日本の論壇、ジャーナリズムへの強烈な批評であった。

そんな田中明に兄事した尹学準は、「両班」の名族同士が、それぞれの高名な祖先の儒者としての格と朝廷に与えられた官位、どちらを重く見るべきかで延々と何百年も争い、ときに血を見る「党争」が現代にも脈々とつづく実情を、あからさまに、しかしある種の愛着をもこめて『オンドル夜話』(八三年)に書いた。

尹学準は、自分は京畿道坡州《はしゅう》を本貫とする坡平《はへい》尹氏だが、十五世紀末、時の暴君燕山君《えんざんくん》に愛想を尽かして坡平尹氏十八世尹師《いんし》晢《せき》が「落郷」、慶尚北道醴泉に落着いた三流の両班だ、としるした。しかしそれでいて、その三代前の十五世尹坤《いんごん》を始祖とする坡平尹氏昭靖公《しょうせいこう》派、さらにそのうち十七世尹垠《いんぎん》に発して十八世尹師晢を中興の祖とする九房《くぼう》流につらなる自分は、坡平尹氏第三十六世宗孫である、とも書いた。両班否定なのか両班自慢なのかわかりにくいのだが、それこそが現代コリア文化の実質を、また在日コリアン尹学準の精神のあり場所をしめしていた。

このコリア文化骨がらみの両班を一挙に消滅せしめたのが金日成だが、かわりに「革命烈士」や労働党員を「核心階層」として両班以上の両班に仕立て上げ、それ以下を「動揺階層」「敵対階層」として徹底した監視と差別の対象とし、さらに病の根を深めてカルトと化したのである。

「三年か五年で帰るつもり」が五十年

八三年、尹学準は密航以来三十年ぶりに帰国を果たしたが、刊行直後の『オンドル夜話』がコピーで慶北安東《アンドン》地方一帯に回覧され、争論の種となっていると知り、驚いた。それぞれの両班家格の評価は現代に至っても大げさではなく命懸け、まさに「朝鮮のエトス」そのものの発露であった。

彼らのいう「歴史」とは、どちらが「正統」であるか「異端」であるか、どちらの「一族」が本か末かを争う「正邪論争」にほかならないのである。そんな「党争」に巻き込まれてはたまらない。尹学準の懐旧の思いはかわらぬものの、故郷で老いを養いたいという気持はくじかれた。日本でつくった家族にも、帰国などごめんだ、帰るならひとりで帰ってくれ、といわれていた。

その後尹学準は『歴史まみれの韓国　現代両班紀行』(九三年)『韓国両班騒動記』(二〇〇〇年)と、大いにコリア研究に資する本を書いた。彼は両班文化実見と銘打って、年若い日本人たちと幾度か韓国の旅をしたのだが、あるとき治水された洛東江のほとりに立って韓国の植林された山をしみじみと眺め、「やはり朴正煕《パクチョンヒ》の仕事を認めないわけにはいかんか」とつぶやいた。十八年にわたって韓国を統治し、国民の「自由」を束縛しつつも韓国経済を「テイクオフ」させ、七九年、側近に射殺された朴正煕を、尹学準はそれまで「軍事政権」「反動」として嫌いぬいてきたのだが、それだけでは「歴史」は語れないという認識の吐露であった。

「在日生活はたのしい」と、これも通俗なタブーに触れるような述懐をたびたび口にした尹学準は、亡くなる三年前に法政大学国際文化学部の教授に招かれた。任期後半は、つのる突発性間質性肺炎のため酸素ボンベを引きずりながら学生を指導し、二〇〇三年一月、在職のまま亡くなった。

新聞の訃報には六十九歳とあったが、「族譜《ぞくふ》」にしるされた正しい誕生日、一九三二年旧暦二月六日から数えれば七十歳十ヵ月であった。「三年か五年で帰るつもり」でいた「異郷暮らし《タヒャン・サリ》」は、結局五十年に三ヵ月足りない歳月におよんだ。

尹学準を「コリア研究」に導いた田中明は、彼にほぼ八年遅れて二〇一〇年十二月に亡くなった。心筋梗塞、八十四歳であった。長生きとはいえないが、コリア研究者が「理論」と「現実」の落差に苦しむあまり短命を余儀なくされた時代は、ようやく去った。

安原 顯

「スーパー・エディター」の鬱屈

〈編集者・批評家〉

■やすはら・あきら、通称「ヤスケン」
■ 2003年1月20日没（63歳）
■肺がん

「安原顯さん（やすはら・けん＝評論家・編集プロデューサー、本名＝やすはら・あきら）20日、肺がんで死去、63歳。通夜は25日午後6時、葬儀は26日午前11時から東京都台東区上野公園14の5の寛永寺輪王殿で。喪主は妻まゆみさん」

「中央公論社など出版社6社で文芸を中心に編集者をつとめた。女性誌「マリ・クレール」の副編集長時代に担当した吉本ばなな『ＴＵＧＵＭＩ』は、２００万部を超すベストセラーになった。辛口の批評でも知られた。昨秋、インターネット書店のサイトでがんを公表し、闘病記を連載していた」（「朝日新聞」二〇〇三年一月二十一日夕刊）

安原顯（通称「ヤスケン」）は編集者であった。たいへんな読書家で「目利《めき》き」といわれたが、気に入らない作家、評価しない作品に対しては「辛口」どころではない、べらんめえ調で「悪口」を投げつける批評家・書評家でもあった。敵にまわすとうるさいが、味方にしても面倒な人という印象があった。直接の接触がなかった私には、亡くなったと聞いてもとくに感慨はなかった。だが亡くなって三年、まったく別の角度から彼が話題になったときにはいささか驚いた。

本好きが高じて高校留年

安原顯は東京の子である。戦時中、五歳のとき父親が病没し、必ずしも居心地のよくなかった母方の祖父の家で育った。大森の中学校で購入図書を選ぶ生徒委員となって、本への愛着と執着が生じた。後年、ジャズ評論家ともなったが、それは同時期、亡父が残した多量のレコードを聞いたことが出発点となった。

その頃、東京で最難関といわれた日比谷高校には入れず、一九五五（昭和三十）年、八潮高校に入学した。八潮は旧第八高女で水準も低くはなかったが、男子は二十パーセントだけ、「プライド」を傷つけられた彼は母親に懇願して、翌年、私立の一貫校とバカにしていたはずの早大高等学院を受け直した。本格的にジャズにはまったのはこの時期である。レコードから英詞を書き起こし、自分もジャズ・シンガーを志望した。しかし当時流行のジャズ・コンテストには何度出場しても合格しなかった。声は太かったものの、音楽の才能が欠落していたのだろう。

一方、本好きはこの時代にさらに高じ、多くの時間を学校の図書室での乱読に費やした。そのため進級に失敗、結局普通より二年遅れで早大第一文学部仏文科に進んだ。

大学時代はほとんど本の万引きで生活費を得ていたという。新刊書店から万引きして古書店で売るのである。デパートでもしばしば万引きをしたが、一度もつかまっていないらしいのは、ほとんどプロの域だったからだろう。

気に入った本なら三冊買う(あるいは非合法手段で集める)という習慣もこの頃からである。一冊は本棚に飾って鑑賞する。一冊は読んで傍線を引き、書き込みをする。もう一冊は友人に無理にでも貸して読ませる。

大学時代に一歳年上の女性と知り合い、同棲から結婚に進んだ。高名な宗教民俗学者の娘である彼女は、卒業後、電通にコピーライターとして入社したが一年で退職した。自分にはふたつのことはできないから、安原と生活するという仕事を選ぶ、と彼女はいった。

安原顯は六年間大学に在籍、その末期にはすでに小さな版元の編集者として働いていた。文芸時評も筆名で書いて、安部公房や三島由紀夫の新作を徹底してけなしたりした。大学の方は、二課目ほど未習のまま放置することになった。しかし勤め先はつぎつぎに倒産、六九年晩秋、満三十歳で得た四つ目の就職先が中央公論社であった。

「一世一代の謙虚なポーズ」

彼が配属されたのは文芸誌「海」の編集部で、のちに作家に転じる一歳下の村松友視が在籍していた。その村松友視は、安原との初対面を、こんなふうに書いている。

「その日の夕方近く、大日本印刷の出張校正室で校正をしていると、ドアが開いて小太りで小柄な、グレーの三つ揃いを地味に着た男が、慇懃《いんぎん》な顔をのぞかせた。／これが、のちに天才ヤスケンとなる安原顯との初対面だった。後になって考えてみると、このときヤスケンは一世一代の謙虚なポーズづくりで身を装い、中央公論社という鹿爪《しかつめ》らしい会社の社員である私たちの前にあらわれたにちがいなかった」(村松友視『ヤスケンの海』)

翌々日、出社してきた安原は一変していた。

「ベージュのタートル・ネックのセーターの上にコンチネンタル・スタイルの裾が広がったジャケットを羽織った姿に変わり、剃り落していた口髭が、鼻の下にしょぼしょぼと生え始めていた。天才ヤスケンの原型、といってよい佇《たたず》まいだった」

髪はもともと癖毛だったのが、のちに「爆発アタマ」とも「アインシュタイン・ヘア」ともいわれたスタイルになりかわろうとしていた。髭を立てはじめたのは、すれ違った女子高校生に「あのオバサン、オジサンみたいだね」といわれたからだという。

「時間、ありますか？」と村松はヤスケンに尋ね、喫茶店にともなって「海」編集部と中央公論社についてのレクチャーをした。

実は村松友視は「海」の編集長とまったく波長が合わず、総務、営業、どこへまわされても構わないという覚悟のもとに「転部願」を二週間前に提出していたのである。「海」編集長は村松の穴を埋めるために、フランス文学とフランス哲学を中心に翻訳ものに実績のある安原をスカウトしてきたのだが、安原自身はそんな事情をまったく知らなかった。その夜、安原は村松を川崎市の自宅まで引っ張って行き、夜を徹して「海」から去らないでくれ、会社を辞めないでくれ、と懇願した。一方、村松の方もこんな思いに駆られた。こいつは放っておいたら必ず問題を起こす。自分が見ていないとまずい。

村松は恥を忍んで「転部願」を撤回した。「海」編集部にはよけいな人員が増えることになるが、出版産業が好調な時代の老舗出版社では、なんとなくそれでおさまった。安原が大学を卒業していないこともじきにバレたが、譴責で済んだのもやはり時代と社風のおかげであった。

「天才ヤスケン」の全盛期

本好き、編集好きの安原顯は、よく働いた。しかし同時に「クズ、チンケ、イモ」を頻発しながら、べらんめえ口調で人と作品を批評・批判する癖は物議をかもした。彼は「レコード芸術」という雑誌にコラムを書いていた。それは一種の文芸批評であったが、なかに過剰に攻撃的なこんな原稿があった。

「最初から書いてある内容もほぼ見当がつくし、愚書というか駄本ということを充分に知っていながら、しかもなお馬鹿にするため、嘲笑するためにあえて読む本というのがある。さしずめ最近の例でいえば、現在ベストセラーになっている大江健三郎の『状況へ』と小田実の『状況から』(いずれも岩波書店刊)などはその典型的な本といえよう」

「私はある人間が金があったり、才能があったりすることを非難しているのではない。そうではなくて、たまたま金や才能があって成り上ったことが、なんとなくウシロメタイため、自分はあたかも貧乏人や弱者の味方だというようなポーズをとることにより精神のバランスを保とうとしている、大江や小田を始めとする世間に五万といる左翼ぶった偽善者が嫌いなのだ」

「もしもし、大江健三郎と申します」という電話を受けたのは村松友視だった。「あの、ひとつおたずねしたいのですが、『レコード芸術』にコラムを書いている安原顯というのは、『海』編集部の安原さんですか」

そうです、と答えると「分かりました、どうも」といって電話は切れた。

すぐに大江健三郎から嶋中鵬二《しまなかほうじ》社長と安原顯、連名あての手紙が届いた。不快感をあらわにした手紙には、「谷崎賞委員をやめます」「中央公論社からの手紙、電話、訪問をすべて拒否します」とあった。大江健三郎は中央公論社主催の文学賞、谷崎潤一郎賞の選考委員であった。版元としてかなり深刻な問題だが、この件で安原が処分されることはなかった。大江健三郎も一年後には委員に復帰した。

何かにつけ安原をかばってきた村松は、アントニオ猪木を中心としたプロレスの本を書き、それが売れたのをきっかけに中央公論社を退社した。作家村松梢風の孫だから入社できたのではないかと気にするところが平素からあり、長く勤めるつもりはなかった。小説家たろうとしていた彼はひそかに文学新人賞に応募してもいたが、その原稿を読んでいつもほめてくれたのが安原であった。

村松がいなくなれば、安原はいずれ問題を起こして退社するだろうというおおかたの予想は裏切られた。辞める辞めると口にし、また酒席で会社をあしざまにののしりながらも彼は辞めなかった。

一九八四年、「海」は廃刊となり、安原は「マリ・クレール」に移籍した。「マリ・クレール」はフランスの同名雑誌の翻訳記事でほとんどのページを埋めていたが、雑誌が売れた八〇年代でさえ三万部を上回ることはなかった。安原はそこに文芸誌のような書評欄を持ち込んだ。目次も「フランス風」から「日本風」にあらためて「植民地雑誌」を脱した。小説と翻訳ものの連載をふんだんに載せると、やがて十万部まで伸びた。

吉本ばなながが「マリ・クレール」に連載した『ＴＵＧＵＭＩ』は、山本容子の挿画を得て好評を博し、単行本で二百万部売れた。千駄ヶ谷でジャズ・バーを営んでいた村上春樹と知り合ったのは「海」時代で、彼に初めての短編「中国行きのスロウ・ボート」を書かせた。村上がアメリカ小説の翻訳をしたいというと、原著者が日本では無名であったにもかかわらず安原は快く引受けて「海」に掲載し、それは「マリ・クレール」に受け継がれた。「スーパー・エディター」「天才ヤスケン」と自称したのはこの時期からである。

安原は一九九二年に中央公論社を退き、「メタローグ」という会社を興して雑誌を刊行した。だが一年あまりでやめた。ついで学研の編集者となり、ここも二年ほどでクビになった。編集者と作家になるための学校をつくったりもしたが、もっとも長くつづいたのは朝日カルチャーセンターの講師で、小説創作、コラム執筆、文芸批評など三講座を担当した。生徒の作品を容赦なくけなしながらも、人気ある講師だった。

「死ぬ前に、あと一冊でいいから面白い本を」

二〇〇〇年五月であった。安原顯は定期検診でステージの進んだ肺がんだと告げられた。しかし手術を拒否、放射線、抗がん剤ともに敬遠して、「死ぬまで生きてんだ　このヤロー!」「死ぬまで仕事をする」といい、「がんのやつもばかだなあ。俺が死んだら自分も死ぬのに」とうそぶいた。

だが病は着実に進行した。二〇〇一年に入ると、両手両肩に痛みを感じるようになり、徐々につのった。転移した顎のリンパが神経を圧迫した結果であった。

それでもヤスケンは仕事をつづけた。ネット書店の文芸サイト編集長を務め、書評を兼ねた「ヤスケンの編集長日記！」を連載した。その二〇〇二年八月からの分は、のちに『ファイナル・カウントダウン』という単行本になった。衛星ラジオでジャズのディスク・ジョッキーを、上野から半蔵門までの往復のタクシー代程度のギャラでつづけた。朝日カルチャーセンターの講師もやめなかったが、古書や大量に持っていた輸入盤CDを売り払った。身辺整理であろうか。古書は「まったく売れないから引き取れない。捨ててください」といわれるようになる、その直前の時代であった。

二〇〇二年八月、村上春樹『海辺のカフカ』のバウンド・プルーフ(ゲラ製本)の上巻の三分の二を読み、「駄作の予感」とするした。かつて親しくし、またその仕事を高く評価して「オレが育てた」と豪語してもいた村上春樹を、『ねじまき鳥クロニクル』を発表した頃からか、手のひらを返したようにクサすようになっていた。返す刀で新聞の文芸時評で『海辺のカフカ』を肯定的に書いた私も、ヤスケンに批判された。彼の常套形容「クズ、バカ、チンケ」は健在であった。

九月に入ると、二重顎が三重顎になった。がんの転移で、リンパ液が顎の下にたまったのである。右肩の激痛はさらにはなはだしく、握力もゼロ、ワープロのキーも叩けなくなった。

十月二十九日、医師に「余命一ヵ月」の宣告を受けた。そうネットに書くと、見舞い・激励のメールが殺到した。ヤスケンは「有難えなあ」「有難し」「有難うございました」と「日記」に書いた。

「まるで庄野潤三の本みたい」とまゆみ夫人に笑われながら、このひと月だけで一生分に余る「ありがとう」を発した。

十一月二十八日、慶応病院に入院した。神経を圧迫しているリンパ節のがん細胞に放射線をあて、痛みを緩和するためである。年末退院、しかし入院患者を取り巻く環境には大いに不満が残ったので、二〇〇三年一月に再入院する予定を取りやめた。

「余命一ヵ月」宣言を知った週刊誌が十一月、取材にきた。「天才ヤスケン『もうすぐ死ぬよ』」というタイトルのインタビューで彼はこういった。

「前の世代が、勝ち目のない戦争に突っ込んでいって、案の定負けた。私らはそのツケを支払わされてきたんですよ。(……だから)私はいつでも怒っていられるんです」

「私はそんな人間が大嫌いで、なるべく関わらないように、芸術だけを見て、芸術に淫して生きていたかった。(……)でもその芸術を作り出すのはゴキブリ以下の人間なんだよね。ゴキブリ以下の人間が時々、ホントに魂を揺さぶるような、ものすごい音楽や小説を創ったりする。それが不思議でしょうがないんです」

「いま振り返ってみて、自分の人生はまずまず面白かったと言えるから、死ぬことは別に、どうってことないけど、ただ一つだけ言いたいことがあるんです。/死ぬ前に、あと一冊でいいから心底面白い本を読ませてくれ！ってね」(「週刊現代」二〇〇二年十二月七日号)

二〇〇三年にも彼は年賀状を出した。そこにえがかれた本人の戯画は毎年村松友視が提供してきたもので、たいてい怒るヤスケンであったが、最後の年のそれは、ガンマン姿のヤスケンがにっこり笑う絵であった。

「最後の日々は、正座をして前かがみになるのが唯一、がんからくる痛みが治まる姿勢だった。横になっても痛みや呼吸困難に襲われ、5分に1度は家族らに手伝ってもらい体の向きを変えたという」(「週刊朝日」二〇〇三年二月七日号)

そんな状態でありながら、一月二日には本を十六冊も注文した。

二〇〇三年一月二十日、晴れた穏やかな午後だった。彼はまゆみ夫人のつくったいちごジャムを大さじ一杯舐め、キンカン二個を搾ったジュースを飲むと、きちんとトイレに行ってから静かに寝た。夫人もつられてうとうとし、気づくとヤスケンは息を引き取っていた。六十三歳であった。

「ある編集者の生と死」

二〇〇六年、故ヤスケンは別種の話題を提供する人となった。

村上春樹が、ヤスケンとの交流と不可解な「態度豹変」、それから没後に起こった事態について書いた「ある編集者の生と死――安原顯氏のこと」という原稿を「文藝春秋」(二〇〇六年四月号)に発表したのである。

「安原顯氏が癌を患い、闘病の末に亡くなってから三年になる。亡くなって少ししたころ、この人について、というかこの人と僕との関わりについて、まとまった文章にしておいた方がいいのではないかと思った。誰かに頼まれたわけではないが、そうしないと、ものごとが宙ぶらりんになったままうまく収まりを見せないような気がしたのだ」

ヤスケンは、かつて千駄ヶ谷で村上春樹が経営していたジャズの店の客だった。

「いささかクセはあるが、興味深い人物だと思った」と村上春樹は書いている。「認めるものは認めるし、認めないものは一切認め」ず、「妥協点というようなものは、この人の中には断固としてない」のだが、「論争を挑んだりということはなかった」「そういう意味では偏狭でありながら、しつこくはない人だった」

初期の関係は良好だった。村上春樹は第二作『1973年のピンボール』のあと、「中国行きのスロウ・ボート」を書いて「海」の編集者・安原顯に渡した。「どうですか?」と尋ねると、安原は「直すところないよ。全部このままでいい」とこたえた。

しばらくして、「レイモンド・カーヴァーというアメリカの作家の翻訳をまとめてやりたいんだけど」と村上が恐る恐るという感じで安原にもちかけた。当時、カーヴァーは日本では全く無名だった。安原も知らなかった。

「彼はすぐさま雑誌のスペースを作ってくれた。そして『好きなだけ原稿持ってきていいからさ、いくらでも訳してくれ。あとのことはまかせておけ』と言ってくれた」

よい関係は彼が「マリ・クレール」に移っても継続した。それでも、信頼に足る複数の編集者は「あからさまに、あるいは婉曲に」「安原顯とはあまり関わらない方がいいですよ」「ゆくゆくろくなことにはならないですから」と忠告したが、村上春樹は従わなかった。安原が文芸界の異分子であることは承知していた。しかしそれをいうなら、自分も「文壇主流」からあまりに遠くかけ離れた異分子に違いないではないか。

そんな安原顯の態度が、あるとき「豹変」した。村上に関するすべてを「圧倒的なまでに口汚く罵倒し始めた」。

「スーパー・エディター」の鬱屈

その理由はわからなかった。だが、ひょっとしたらあれかな、と思うことがないではなかった。安原顯は筆名で、あるいは実名で短い小説をいくつも書き、文学賞に応募したり、小さな雑誌に発表したりしていた。村上にも見せた。

「正直言って、とくに面白い小説ではなかった。毒にも薬にもならない、というと言い過ぎかもしれないが、安原顯という人間性がまったくにじみ出ていない小説だった。どうしてこれほど興味深い人物が、どうしてこれほど興味をかき立てられない小説を書かなくてはならないのだろうと、首をひねったことを記憶している」

村上は、「当たり障りのない感想を述べ」「悪いことはひとことも言わ」ず、「良い部分だけを取り上げて、そこを集中して熱心に褒めた」。しかし、おそらくそれが安原には不満だったのだろう。「彼が僕に求めていたのは批評ではなく、感想でもなく、熱烈な無条件の承認であり、応援だったのだ」

亡くなって間もない頃に思い立った安原顯との交遊についての原稿は、結局書かれなかった。だが三年後、事態が、より複雑、かつあやしい方向に進んだとき、村上春樹は筆をとった。

村上が翻訳して「海」に載せたフィッツジェラルド『氷の宮殿』の手書き生原稿（四百字詰め原稿用紙七十三枚）が神田の古書店で、百万円を超す値段で売られていたのである。そのほか、少なくない生原稿がネット・オークションに上げられていた。

村上春樹が手書きからワープロに切り替えたのは一九八八年で、それ以前は原稿用紙に万年筆で書いていた。その時代のものである。手書き原稿は著者から編集者に渡され、校閲と印刷、すべての工程が終了した適当な時期に著者に返却されるのが慣例だった。それを、もし編集者が自宅に持って帰り、のちに市場に流したとしたら「盗掘」「盗品売買」といわれても仕方がない。

安原顯は小説家になりたかった。編集者や批評家では不満だった。小説家の方が編集者や批評家より上、と「文壇的メンタリティ」で考えたのだろう。そしてそれが身に染みついたのだろう。

そういう人が、編集者として多くの原稿を作家から受け取っていれば、「これくらいのものなら、俺にだって書ける」と思うのは、ある意味当然の成り行きである。しかし実際には「これくらいのもの」が書けないのである。

安原顯は亡くなる前年、二〇〇二年八月頃から旧知の古書店を家に呼んで書庫の本の処分を進めていたようだ。その処分対象のなかに生原稿が入っていたとも考えられる。『氷の宮殿』を扱っていた神保町の古書店主が生原稿を入手したのは〇二年の夏だという。

最後に村上春樹は、こう書いた。

「僕は安原顯という編集者の死を、長い歳月にわたって少なからず親愛の情を抱くことができた一人のユニークな人間の死を、悼む。しかしそのほかにさらに悼むべきことが存在していることに、やるせなさを感じないわけにはいかないのだ。人の死は、ほかの何かの生命を道連れに携えていくものなのだろうか」

天本英世

〈俳優〉

「ホームレス」になりかけた「死神博士」

■あまもと・ひでよ
■ 2003年3月23日没(77歳)
■急性肺炎

長身痩軀、異相の俳優天本英世は、一九六〇年代には岡本喜八の映画『殺人狂時代』でマッド・サイエンティストを演じて注目され、七〇年代前半にはテレビドラマ『仮面ライダー』で敵役集団「ショッカー」の頭目「死神博士」として子どもたちの人気を集めた。

しかし八〇年代に入ると徐々に仕事は減った。スカルキャップに黒マント姿の彼が、小田急線代々木八幡周辺でよく目撃されるようになったのはその頃からである。

代々木八幡駅前の喫茶をかねたレストラン「サカイヤ」で私は天本英世をたびたび見かけたが、その存在感は強烈だった。日本人であることを否定したい身ぶりともとれ、敬遠したくなる強烈さであった。

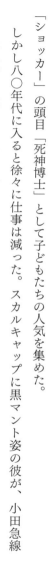

月収三百万円の「ホームレス」

一九九三年春、「婦人公論」(四月号)のインタビューに、六十七歳の天本英世は語っている。

「僕は朝七時からの浮浪者、ホームレスです。あったかいときは公園で寝ている。家がないんですから。昼間仕事があれば一番いいんだけど、そうそう毎日仕事じゃないしね。だから寒さや雨が浮浪者の敵だというのはよくわかります」

この時期、天本英世は近所のクリーニング屋の二階で寝ていた。朝七時にクリーニング屋の業務は始まるから六時半に起床、七時には外へ出る。近くの代々木公園や喫茶店で時間を費やし、午後七時、クリーニング屋の閉店を見はからって帰る。そして午後九時過ぎには寝てしまう。

天本英世は、実は代々木上原に自分の家を持っていた。一九六〇年、百六十万円で買った家が歳月のうちに老朽化した。ことに雨漏りがひどい。ベッド上にも雨が降るようで、とても寝ていられない。ためこんだ何千枚かのフラメンコのレコードとインドで買った古美術品を見捨て、九二年のある雨の夜、近所の「一ノ瀬クリーニング店」に入り込んで廊下で寝ていたら早朝出勤してきた店主に見つかった。謝って事情を話すと、親切な店主は、「ウチも夜は誰もいなくて不用心だから、天本さん泊まっていいですよ」といった。こうして「半ホームレス生活」が始まった。

だが、昼ご飯は渋谷の聘珍楼《へいちんろう》で千円のランチ、夜の食事は「サカイヤ」でとるという。この時期、天本英世はフジテレビのクイズ番組「平成教育委員会」(一九九一年十月放送開始)に出演、北野武に「天本クン」と呼ばれながらその該博な知識、とくに国語力を披露して注目されていた。それまでの年収三百万円が、この時期には月収三百万円になったと豪語していたから、すでに「半ホームレス」状態そのものが不自然であった。

翌九四年夏には写真週刊誌「FLASH」(八月十六日号)の三ページ特集に出た。なぜ自宅を修繕しないのかと記者に問われ、こうこたえている。

「この先生きてもまあ、五年か十年。しかも僕に過去はないから戻る必要もない。昨日も明日もなく、スペイン人のようにひたすら今日だけを生きるのです」

天本英世は七〇年代前半の四十七歳のとき、初めてスペイン旅行をして「はま」った。以来、ヒマとカネを工面してはスペインに出かけた。そんな天本に記者は「吟遊詩人」の名前をたてまつったが、居候先のクリーニング店が建て替えをするので、間もなく自宅に戻るとある。

「二日前から大工さんが入っているの。まあ、雨もりしない程度にするだけだから、一週間くらいで終わるかな。ホームレスともおさらばだね(笑)」

「人生を捨てよう」と俳優の道へ

天本英世は一九二六(大正十五)年、北九州若松に生まれた。住友石炭鉱業勤めの父親が大阪本社に転勤したので、小学校はそちらで卒業、旧制豊中中学に進んだ。その後父親が再び若松勤務となって若松中学に編入、四年修了で熊本の旧制五高を受けて失敗した。五年卒業時、今度は鹿児島の七高造士館を受けて再び失敗した。天本少年は英語が得意だったが、すでに対米戦争中、敵性語とされた英語の試験がなかったからだという。

一年浪人後の四四年、七高入学。四五年一月、文科一年生三十五人はそろって熊本の三菱重工業航空機製作所に勤労動員された。同期に作家の飯干《いいぼし》晃一、『夢であいましょう』(NHKテレビ、六一—六六年)を演出してバラエティ番組を日本に根づかせ、のちNHK会長となった川口幹夫がいた。四五年五月、天本英世は満十九歳で召集、久留米の野砲隊に配属された。上官にたびたび意味もなく殴られたのは、背の高さ(一八〇センチ)を嫉妬されたからだろう、と本人はいう。通信兵だったが、米軍の予想上陸地である宮崎県にまわされ、穴掘りばかりさせられた。砲術と通信技術の教育はまったくなかった。七高文科の学生はひとりも戦死・戦災死しなかったが、長崎に勤労動員された理科の学生十五人が原爆の犠牲となった。終戦後も天本英世は、ひとり年末近くまで宮崎に残された。米軍に武器弾薬を引き渡すとき英語が必要だからという理由であった。しかし無駄な勤務に終った。

空襲で全焼した七高は、当時鹿児島県北西部・出水《いずみ》に近い田舎に疎開していたが、すでに授業は始まっていたので翌年春まで休学した。四六年、七高復学、翌年校舎復旧で鹿児島に戻ったが、住宅難で下宿を見つけるのに苦労した。六畳にもうひとりの学生と同居なら、という条件で住み始めた家で彼の運命はかわった。その家の女性家主と恋愛したのである。家主は京都出身の美貌の三十一歳で天本英世より十一歳年長、三人の子持ちの未亡人であった。鹿児島の街を手をつないで歩く二人は目立った。

四八年春、七高卒業、二十二歳で東京大学法学部に進んだ。上京後も彼女とは京都や若松で会った。長距離恋愛の先駆けであった。当初は外交官をめざしていた天本だが、半年ほどで学業に興味を失い、大学から遠ざかった。しかるに目標は見定められず、鹿児島の年上の女性との関係も煮詰まる。俳優になろうと決意したのは、二十八歳の五四年であった。「私はこの時、人生を捨てようと思ったのだ」(天本英世『日本人への遺書《メメント》』)。

ジャン＝ルイ・バローの面影

俳優座を志望したが、研究生としては年長すぎた。つてを頼って俳優座の重鎮・青山杉作に会い、俳優座養成所二期の卒業生がつくった「同人会」に入れてもらったその年、まだ新人なのに、木下恵介の映画『女の園』に出演できた。それは岸恵子、久我美子、高峰秀子の三人の女子大生が「封建的」な学校側に抗議してストライキを実行する話で、急死した時代劇俳優・阪東妻三郎の長男、田村高廣のデビュー作でもあった。天本は哲学の講師役で、これならできる、と思った。七高時代の経験を生かせばいい。

松竹大船撮影所で木下恵介に初めて会ったとき、なぜ自分を起用したのか尋ねてみた。木下恵介は、役者を探しに俳優座へ行ったとき「君と廊下ですれ違ったんだよ」といった。「君のその哲学者みたいな顔つきが気に入ってね」

本番の撮影で天本は、黒板にフィヒテやニーチェの名前を原語で書きながら芝居をした。すると木下恵介は、「すごいねえ、ドイツ語が書けるんだねえ」としきりに感心した。

のちに久我美子から、「ジャン＝ルイ・バローに似た新人が出たって凄い噂になったのよ」と聞いた。たしかに天本英世は『天井桟敷の人々』のジャン＝ルイ・バローに似ていた。後年のスカルキャップ愛用も、薄くなった髪を隠すというより、バローがかぶっていたからではないか。

同年の『二十四の瞳』でも木下恵介から出演依頼がきた。二年越しの撮影の後半、小豆島の小学校教師・高峰秀子の夫の役である。だが長ゼリフのあるシーンの撮影で失敗した。セリフを覚えきれなかったのである。その後二度と木下恵介からお呼びがかからなかったのはそのせいだ、と天本英世は回想するが、たんに美青年好みの木下恵介の趣味ではなかったのだろう。

「死神博士」、スペイン「巡礼」？

その後しばらく役に恵まれなかったが、五九年、岡本喜八作品に初出演（『暗黒街の顔役』）し、翌年、鹿児島の恋人とともに暮らすつもりで代々木上原の家を買った。しかし、このとき四十五歳の相手に拒絶された。説得するつもりで鹿児島まで行き、彼女の家のドアを叩いたが、ついに開けてもらえなかった。十五年の恋は終った。

東宝の俳優として黒澤明の『用心棒』にも出演したが、異相を強調するヤクザの子分役で影は薄かった。六七年、岡本喜八作品としては十二本目、『殺人狂時代』に出演してマッド・サイエンティスト、溝呂木《みぞろぎ》省吾《しょうご》役で注目された。『殺人狂時代』は都筑道夫の『なめくじに聞いてみろ』という奇妙な題名の小説が原作、岡本喜八一流のアクション・コメディで主演は仲代達矢であった。天本英世は旧制高校仕込みのドイツ語の長ゼリフをしゃべっている。また同年、終戦工作に反対する一部参謀のクーデター計画をえがいた岡本喜八監督の大作『日本のいちばん長い日』では、戦争継続を主張する狂信的な横浜警備隊隊長を演じ、ひたすら甲高い声で叫びつづけた。

七〇年代は、溝呂木省吾の発展形「死神博士」として人気を博した。この頃、通りすがりに「あ、死神博士」といって写真を撮った若者を、なぜ「撮らせてください」のひとことがいえないと平手打ちした。

スペインに凝ってからは、集団に埋没したがる日本人がますます嫌いになった。しかしその旅行記『スペイン巡礼』は、一九七〇年代に流行した青年の世界旅行記のように、旅の苦労と現地人の親切にほだされたエピソードで満たされ、おもしろみに欠ける。少なくとも五十歳をすぎた男の書きものとは思えない。

二〇〇〇年九月のインタビュー（「週刊東洋経済」）では、すでに代々木上原の家は処分したらしく、世田谷の二階建ての合計四部屋、風呂・トイレ共同のアパートを丸ごと安く借りた、と語っている。食事は昼夜とも近所のファミリー・レストラン、仕事がなければ一日中そこにいて電話も取り次いでもらうというから、店にしてみれば迷惑な客だっただろう。いまは数千万円の貯金はあるが、携帯は持たない主義で、家にも電話はない。

天本英世は、最後にこういった。

「体が悪くなって、俳優もできなくなったらどうするか。老人ホームだけには入りたくない。最後の力を振り絞ってスペインまでたどり着き、モロッコ行きの船に乗る。そして夜の海に身を投じる」

噂には「根も葉も」あった

天本英世は二〇〇三年三月、北九州若松の病院で亡くなった。急性肺炎、七十七歳だった。

自らの作品中二十本に「自分の作品であることをしめすスタンプを押すように」天本英世を出演させた岡本喜八は、一九七五年に東宝を辞めて喜八プロをつくった頃のロケ中、「死神博士」と間違われて小学生に取り囲まれ、困惑したことがあった。ふたりはよく似ていたのである。

天本英世の死後、「顔が似ていると、好物も似てくるもの、らしい」と岡本喜八が書いた（「キネマ旬報」二〇〇三年六月号）のは、ともに酒が飲めず、甘党だったからである。毎年正月二日、天本英世は川崎市生田の岡本喜八邸を訪れ、「大好物の栗キントンとか、丹波特産の黒豆の煮た丼鉢を、抱え込むのを恒例にして」いたという。

〈今年もまた同じように、と、楽しみにしていたのだが、「天本さん、行方知れず」の噂がたった。これまでにクリーニング屋さんに居候とか、ファミリー・レストランを転々とか、根も葉もない噂はあったのだが、「ただ一つ信憑性のある郷里九州へ帰って入院説」だけ、当っていたとは……〉（同前）

噂にはみな「根も葉も」あった。本人が積極的に広めたとまではいえないが、積極的に追認していた。

一九九五年、硬膜下血腫と脳梗塞で言葉の自由を失った岡本喜八だが、最晩年、山田風太郎『幻燈辻馬車』の映画化を仲代達矢、真田広之の主演で企画して、その脚本を構想中の二〇〇五年二月十九日に亡くなった。食道がん、八十一歳になって三日目であった。

天才たちのあっけない死

〈オートバイ・レーサー〉

加藤大治郎

■かとう・だいじろう
■2003年4月20日没(26歳)
■レース中の事故死

阿部典史
(ノリック・アベ)

■あべ・のりふみ
■2007年10月7日没(32歳)
■公道走行中の事故死

世界的なオートバイ・レーサーとして名を馳せた加藤大治郎は、三歳からポケットバイクに乗り、埼玉県浦和の自宅近くにあった秋ヶ瀬サーキットで練習した。やはり後年、世界を相手に戦った阿部典史《のりふみ》(ノリック・アベ)は、一歳上の練習仲間であった。父親がオートレースの選手であった阿部は、十五歳で渡米して不整地レースを行うモトクロスの技を鍛えた。

加藤大治郎は一九九二年、十六歳で二輪免許とロードレース・ライセンスを取り、九四年から全日本ロードレース選手権、排気量二五〇ccクラスに出場した。その好成績を評価されて九六年から九八年まで、世界GP二五〇ccクラス十六戦のうち鈴鹿開催レースにスポット参戦した。九六年は三位、九七年には宇川徹、原田哲也と争い、最終ラップ最終コーナーでトップに立って世界戦初勝利をあげた。二〇〇〇年、イタリアのチームに加入して世界GP二五〇ccクラスにフル参戦した。第三戦、日本GPでシーズン初勝利したこの年四勝、年間得点ランキング三位となった。

フル参戦二年目の〇一年はまさに無敵であった。十六戦して十一勝、年間最多勝タイで二五〇ccクラスの世界チャンピオンとなった。十八歳の年である。文部科学省は加藤を「スポーツ功労者顕彰」で賞した。

サッカーのイタリア代表アレッサンドロ・デル・ピエロが成田空港で加藤大治郎と鉢合わせしたとき、デル・ピエロは加藤にサインをねだった。それほどヨーロッパではよく知られた存在だったが日本では無名、その落差ははなはだしかった。デル・ピエロの取材にきたスポーツ記者たちは、その小柄な青年が誰であるか知らなかった。

日本人ライダーの世界進出

日本のマシンは世界を永くリードしつづけ、また一九七〇年代以来、日本人ライダーはレース界の一翼をになったのだが、ライダーたちは四輪(F1)のドライバーに較べてはるかに冷遇されていた。彼らはほとんどの場合、所属チームを自分で見つけて契約し、英語かイタリア語でスタッフと意思を通じさせ、優勝インタビューや表彰台インタビューも外国語で行った。彼らは、世界をめぐる若い仕事師たちであった。

日本のオートバイ工業を代表するホンダは一九五二年、「カブ」と名づけた自転車補助2サイクルエンジンから出発した。さらに五八年、4サイクルエンジン搭載小型オートバイ「スーパー・カブ」を発売、その堅牢さと低燃費で世界的ヒット商品として現在までに一億台以上を売った。同時期、「ラビット」(富士重工)、「シルバーピジョン」(三菱重工)など、スクーター型オートバイが発売されて市場はにぎわった。やがてホンダがレース用オートバイに参入すると、ヤマハ、スズキ、カワサキもつづき、日本製レーサーの信頼度は徐々に高まった。しかし日本育ちのライダーの世界進出は遅れた。

世界GPに参戦して最初に表彰台に上ったのは、田中健二郎(一九三四―二〇〇二)であった。オートレース選手であった田中は、一九六〇年、世界GP二五〇ccクラスの西ドイツ戦で三位となった。ついで、コーナーでオートバイを極限まで倒したうえに、さらに腰を片側に落として肘が路面をこするまでに体重移動する「ハング・オフ」のライディング・スタイルを神戸・六甲山の屈曲路の練習で身につけた金谷秀夫(一九四五―二〇一三)が、七二年、二十七歳のとき世界GP二五〇ccクラス、その初戦(西ドイツ)で優勝した。

七三年、GP最高五〇〇ccクラスで二位表彰台を経験した金谷は、七五年には最高の五〇〇ccクラスと三五〇ccクラスに参戦した。その初戦(フランス)で五〇〇ccクラス二位、第二戦(オーストリア)では両クラスとも優勝、合計五戦のみの出走で年間ランキング三位となるポイントをあげた。しかし第五戦まででレース参戦を中断して帰国したのは、おなじヤマハのエース・ライダー、アゴスティーニを優勝させるという会社の方針に従ったためであった。

七四年、やはり六甲山の公道でテクニックを磨いた片山敬済《たかずみ》(一九五一―)は、ヤマハからレース用オートバイの貸与を受けて世界GP二五〇ccクラスに単身参入、自らマシンをチューニングしながらヨーロッパを転戦した。そんな過酷な状況下でも片山はスウェーデン戦で優勝、全十二戦の後半のみの参戦だったにもかかわらず年間ランキング四位であった。

七七年には三五〇ccクラスで十二戦中五勝、年間チャンピオンとなったが、日本ではさしたる話題にならなかった。片山は七九年からホンダのワークスライダーとして最高の五〇〇ccクラスに転じ、八二年、スウェーデン戦で優勝した。金谷秀夫以来の快挙であったが、レース中の骨折を機に八五年、三十四歳で引退した。

日本メーカーの若いワークスライダーたちが再び世界GPに参戦するのはおもに一九九〇年代に入ってからで、その先駆けは原田哲也(一九七〇―)であった。

原田は九三年、世界GP二五〇ccにヤマハのライダーとして出走、最終戦スペインで、ビアッジ、カピロッシ、ルジア、レジアーニら当代一流のライダーたちを最終ラップで制して四勝目をあげ、年間チャンピオンとなった。九六年、原田はイタリアのメーカー、アプリリアと契約したが、それはチームが日本資本の誘引を期待してのことではなく、純粋にライダーとしての実力を認められた結果であった。

その年GP二五〇ccでは三勝をあげて年間三位、九八年には五勝をあげて再度三位となった原田は、九九年、推定四億円という破格のオファーを得てアプリリアから最高クラスのGP五〇〇ccに参戦した。

しかしこの年は三位を二度獲得したものの、レギュレーション改定から各社が4ストローク九九〇ccエンジン開発に注力するなか、原田の2ストローク五〇〇ccエンジンのレーサーでは苦戦を強いられた。二〇〇一年には二五〇ccクラスに戻って、新鋭の加藤大治郎と激しいレースを繰り広げ、加藤に次ぐランキング二位を獲得したが、二〇〇二年、三十二歳で引退した。

そのほか岡田忠之(一九六七―)、宇川徹《うかわとおる》(一九七三―)、伊藤真一(一九六六―)、中野真矢(一九七七―)らが世界GPに参戦した。岡田、宇川、中野の最高成績は二五〇ccクラス年間二位であった。

果敢な「ノリック」の走り

アメリカ修行から帰った阿部典史は、一九九三年、全日本ロードレース選手権五〇〇ccクラスのチャンピオンとなり、翌九四年、十八歳で世界ＧＰの最高ランクレース五〇〇ccクラスのうち、鈴鹿サーキットで行われた日本ＧＰにスポット参戦した。

世界的にはまだ無名であった阿部だが、ドゥーハン、シュワンツ、カダローラ、クリビーレなどトップライダーが構成する先頭集団を、後半すさまじい勢いで追い、やがてトップに躍り出た。その戦闘的なオーバーテイクぶりは見るものに絶対的な才能を感じさせた。しかしあと三周となったとき、阿部は転倒してリタイアを余儀なくされた。派手な転倒ぶりであった。在米時代の愛称「ノリック」が広くレース界に知られたのはこのとき以降である。

世界ＧＰ五〇〇ccクラスにノリックは九五年から二〇〇二年までと〇四年の合計九年、フル参戦した。ノリック・アベの果敢な走りは世界的ライダーたちからも注目され、九〇年代後半から二〇〇〇年代なかばまで最高クラスでほとんど無敵を誇ったイタリア人ライダー、バレンティーノ・ロッシをして一時「ロッシフミ」と自称させるほどだった。

前輪に荷重をかけ、大きく体を振るようにしてオートバイを倒し込んでコーナリングする独特のスタイルは、ヘルメットの裾から後方になびかせた長い髪とともに、遠くからでもノリックだとわかった。だが、そのライディング・スタイルには転倒リタイアの危険がつきまとった。成績のピークは初勝利した九六年、二十一歳の年で、年間ランキング五位であった。世界ＧＰ全キャリアでは、一四四レースで優勝三回、表彰台十七回、知名度のわりに成績は上がらなかった。

彼のもっとも記憶に残るレースは、結局フィニッシュできなかったが、果敢な追走ぶりを見せた九四年の鈴鹿でのデビュー戦であった。そのときの転倒も「もっとも才能に恵まれたライダーの、もっともリスキーなライディング・スタイル」(マイケル・ドゥーハン)がもたらしたのである。

世界GPを退いたノリックは二〇〇五年と〇六年、フォーミュラ・マシンではなくチューンアップした市販車レース、スーパーバイク世界選手権に参戦したが、ここでも勝てず、〇七年、全日本に戻った。

天才たちのあっけない死

世界GP二五〇ccクラスにフル参戦二年目の二〇〇一年、十六戦中十一勝(歴代年間最多勝タイ)をあげて無敵の年間チャンピオンとなった加藤大治郎は、〇二年、MotoGPクラスにステップアップした。それは旧五〇〇ccクラスだが、地球温暖化の原因となる排ガス減少のため、それまで2サイクル五〇〇ccのエンジンだけであったものを、4サイクル九九〇ccのエンジンも認めて改組したのである。理論上、二種のエンジンは同一出力となるはずだったが、実際は技術革新によって4サイクルが優位となっていた。

この年、2サイクルエンジンでレースに参加した加藤大治郎だが、途中から他のライダーと同じように4サイクルエンジンのマシンに乗り換えた。しかし身長一六〇センチそこそこの小柄な加藤は、力も増すが重量も増す4サイクルマシンの扱いに苦労した。「ルーキー・オブ・ザ・イヤー」に選ばれはしたものの、この年は未勝利、年間得点ランキング七位に終った。

加藤大治郎は、翌〇三年のシーズンに4サイクルマシンに対応すべく肉体改造に取り組んだ。周囲に天才を認められたライダーだから、〇三年のMotoGP初勝利は必至、もうひとりの天才、バレンティーノ・ロッシと年間チャンピオンを争うだろうと誰もが予想した。

しかし二〇〇三年四月六日、MotoGPシーズン初戦、鈴鹿サーキットでアクシデントが起きた。その三周目、一三〇Rの立ち上がりで加藤のマシンは大きく左右に振られ、そのままシケイン手前左側のスポンジ・バリアに激突した。この間約二秒であった。

昏睡状態に陥った加藤大治郎は病院に救急搬送された。しかしそのまま目覚めることなく、脳幹梗塞で死亡宣告されたのは二週間後、四月二十日午前零時四十二分であった。

オートバイ・レースは、見かけほどには危険ではない。レーサースーツ、ヘルメット、背面プロテクターによって、転倒しても骨折さえ必ずしも多くはない。ただし手指の変形や喪失が少なくないのは、ハンドルを握った指が転倒時に路面に強くこすられるからである。必ずしも多くはないレース中の事故で、加藤大治郎はその才能の本格的開花の直前に死んだ。二十六歳であった。

〇三年十月、加藤大治郎はMotoGP殿堂入りした。史上十六人目、日本人では初めてである。彼のゼッケンナンバー「74」は永久欠番となり、〇四年四月には、イタリアのミサノ市が、ミサノ・サーキットに向かう新設道路に「ダイジロー・カトー通り」と命名した。

加藤大治郎没後三年半、〇七年十月七日の午後六時二十分頃であった。片側二車線、川崎市の公道の右側車線を五〇〇ccの大型スクーターで走行していたノリック・阿部典史は、左側車線から突然Uターンしてきたコンビニ配送トラックに激突した。トラックの後方不注意、そのうえ現場はUターン禁止区域であった。

彼は病院に搬送されたが、二時間半後に死亡した。三十二歳であった。戒名は「正道院弐輪英雄典久大居士」。それにしても、世界のサーキットで超高速の戦いを繰り広げてきたレーサーが、公道上の事故の被害者となって命を落とすとは。

世界のオートバイ・レースで日本メーカーのマシンはまだ絶対的な信頼度を誇っているものの、加藤、阿部が亡くなり、原田、中野、宇川らが引退したあと、有力な日本人ライダーは登場していない。あるいはかつてのように、うかつな私たちが気づかないだけか。

チャールズ・ブロンソン〈映画俳優〉
西村彦次〈元「マンダム」社長〉
社名を変えさせたCM

■にしむら・ひこじ
■2003年1月25日没(82歳)
■腎臓がん

■Charles Bronson
■2003年8月30日没(81歳)
■アルツハイマー、肺炎

一九七〇年、整髪料の会社「丹頂」は、その新製品「マンダム」のCMにアメリカ人俳優のチャールズ・ブロンソンを起用した。それは世界的映画スターを日本企業のCMに登場させる初めての試みでもあった。

『七人の侍』の翻案『荒野の七人』(六〇年)と『大脱走』(六三年)で知られたチャールズ・ブロンソンは、『さらば友よ』(六八年)で主演のアラン・ドロンを食い、その独特の風貌と言葉少なにもかかわらず説得力ある演技で注目された。

CMの主演には大物俳優をというスポンサーのリクエストに広告代理店は三人の候補をあげた。

丹頂の西村彦次社長が選んだのは、野性的といえば聞こえはいいが、もっとも「醜男《ぶおとこ》」ともいえるチャールズ・ブロンソンであった。周囲はみな反対した。だが西村社長は、男性の女性化などといわれても、それは一時期の流行にすぎない、男っぽい男こそが、整髪料にとどまらず、今後の男性化粧品市場の趨勢になると主張して譲らなかった。

社名変更させたCM

アリゾナ州とユタ州のモニュメント・バレーでのロケーションとハリウッドのスタジオで撮影されたこのコマーシャル・フィルムのディレクターは大林宣彦、制作費は三千万円、ブロンソンの出演料は三万ドル(当時のレートで約一千万円)であった。

ブロンソンは撮影に協力的で、土煙や泥水の汚れを意に介さなかった。契約上の撮影終了時間にも撮り残しがあって大林宣彦が困惑していると、彼は自分の時計をわざと一時間遅らせ、まだ時間はある、とそれをしめした。しかし西部劇に出演していたにもかかわらずブロンソンは拳銃の扱いが達者ではなく、「ファニング」(シングルアクションの拳銃で、引き金を引いたまま撃鉄を手のひらで連続して叩いて速射する技。扇であおぐ仕草に似ていることから)などのテクニックは、西部劇にくわしい大林に習ったのである。

アクションをし終えたブロンソンが、顎を撫でながら「うーん、マンダム」とつぶやく決めゼリフは、たちまち人口に膾炙《かいしゃ》した。ＣＭ中に流れるジェリー・ウォレスの歌「男の世界」は百三十万枚も売れた。「マンダム」という商品名とブロンソンの知名度は飛躍的に高まった。

この大成功に丹頂は、七一年、社名そのものを「マンダム」に変更した。ブロンソン主演のＣＭは八〇年まで連続して制作され、「マンダム」のコーポレート・イメージそのものとなった。

炭坑夫あがりの「百万ドルスター」

チャールズ・ブロンソン（本名チャールズ・デニス・ブチンスキー）は、一九二一年、ペンシルベニア州に生まれた。リトアニア移民の炭坑夫の息子で、リトアニア語しか話さぬ母親が産んだ十五人きょうだいの十一番目、五男だった。リトアニアやポーランドでは必ずしも少なくないテュルク系リプカ・タタール人の血をひき、のちに映画界でアジア系やメキシコ人の役柄をあてがわれた容貌はその遺伝子のあらわれであった。

チャールズが十歳のとき父親が死亡、十六歳から兄とともに炭坑夫として働いた。石炭を一トン掘って一ドルもらう過酷な労働であった。四三年、陸軍航空隊に入隊、爆撃機ボーイングＢ29の射撃手となり、東京大空襲にも参加した。

四六年除隊。当初は舞台美術を志したが、のちニューヨークに出て煉瓦《れんが》職人やウエイターなどをしながら演技を学び、舞台の端役をつとめた。さらにロサンゼルスに移って演技修業をつづけ、五一年、はじめて映画に出演した。五四年、ブチンスキーをブロンソンに改めたのは、「赤狩り」の嵐が吹き荒れるハリウッドで東欧的な名前は損をすると考えたためである。

『荒野の七人』『大脱走』についで、『雨のニューオリンズ』(六六年)、『特攻大作戦』(六七年)に出演した。「マンダム」のCM起用につながった『さらば友よ』のあともキャリアは順調で、七〇年には『雨の訪問者』『狼の挽歌』に主演して好評を博し、七一年には三船敏郎、アラン・ドロンと『レッド・サン』で共演した。七四年、『狼よさらば』に主演した五十代前半がブロンソンの役者人生のピークで、七五年には史上初の「百万ドルスター」となった。

俳優は去り、社名は残る

明治期から大阪でフランス香水を輸入していた商社が第一次大戦後の不況で倒産、かつて社員であった西村新八郎らが債権がわりに権利を譲り受けて新会社「金鶴《きんつる》香水」として出発したのが丹頂の始まりである。西村新八郎が社長となった一九三三(昭和八)年、「丹頂チック」を発売すると飛ぶように売れた。チックとは、男性の髪に塗って髪型を固めるスティック状の商品で、柳屋のポマードとともに戦前から戦後にかけて男性用整髪料の王者であった。

新八郎の長男西村彦次は、一九二〇(大正九)年、大阪生まれの戦中派で、四二年、入営して千島勤務となり、当地で終戦を迎えた。そのままシベリアに送られて抑留二年、四七年に帰国して「金鶴香水」に入社した。「丹頂ヘヤートニック」「丹頂コールドクリーム」などを発売して、五九年、社名を「丹頂」とかえた会社の二代目社長となったのは六一年である。

六二年、堅調だった経営が揺らいだ。

この年、液体男性用整髪料「バイタリス」がライオン歯磨から発売された。ポマードもそうだが、髪型を固めるチックはギラギラでベタベタ、どうしても細かなゴミがつく。洗ってもなかなか落ちない。それがバイタリスだと髪につけやすいうえにサラサラ、全国の男子中・高生にたちまち広まった。結果、チックの売行きは劇的に落ちた。六三年には資生堂から「MG5」が発売されて、丹頂はさらに深刻な苦境に陥った。

この時期、男性化粧品というあらたな概念が日本に根づいたのだが、その流れについていけなかった丹頂では、さらに組合問題が生じて倒産寸前まで追いつめられていた状況を「マンダム」のCMが救ったのである。西村彦次はその勢いに乗じて社名も「男性性」をしめす造語「マンダム」に変更し、男性化粧品の総合メーカーへの転換をはかった。

七八年、男性化粧品「ギャツビー」シリーズを発売して主力商品とした。八九年には無香料男性化粧品「ルシード」を、九三年には、その女性用製品として「ルシードエル」を投入した。八四年には女性用化粧品事業への参入を見込んで、社名「マンダム」は「ヒューマン・アンド・フリーダム」の略だと意味づけを変更していた。

その後のチャールズ・ブロンソンは、六八年に再婚した女優ジル・アイアランドと不必要なまでに共演することに執着するふうだったが、アイアランドが九〇年に乳がんで亡くなると、一度は引退を宣言した。しかし間もなく仕事場をテレビドラマに移して復帰した。

ブロンソンは二〇〇一年、アルツハイマーを発症していることを告白、二〇〇三年八月三十日に肺炎で死去した。八十一歳であった。最期を看取ったのは、三十九歳年少の三番目の妻、キム・ウィークスであった。五年前、九八年に三十四歳で七十六歳のブロンソンと結婚したときは約五千万ドルの資産目当てといわれたが、彼女はブロンソンが亡くなるまで献身的に看護した。

西村彦次は、ブロンソンのCMが終了した一九八〇年に「マンダム」会長となり、社長を弟の西村育雄に譲った。九五年には彦次の息子、西村元延が四代目社長に就任した。

西村彦次は二〇〇三年一月二十五日、腎臓がんで亡くなった。ブロンソンの死に先立つこと七ヵ月、八十二歳であった。

ネルソン吉村大志郎

きれいなネコのようなネルソン

〈サッカー選手、サッカー指導者〉

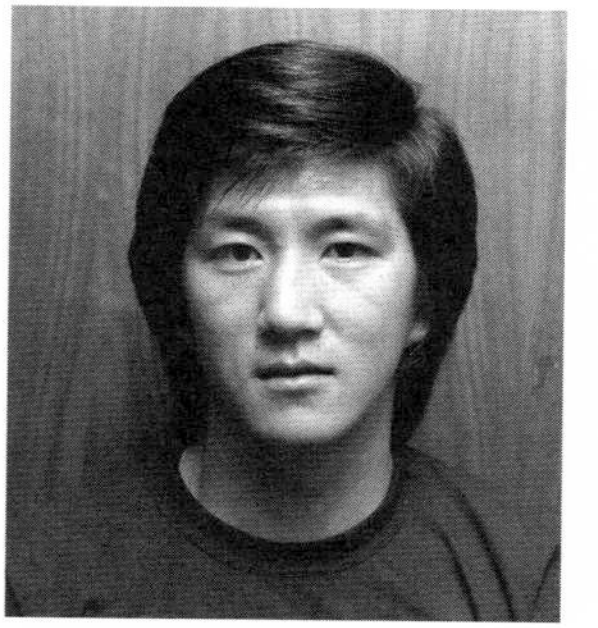

■ねるそん・よしむら・だいしろう
■ 2003年11月1日没(56歳)
■脳出血

一九七〇年前後、全国の中・高校のサッカー部にはたいてい「ネルソン」というニックネームの選手がいた。足が速くて器用な選手に与えられる異名で、ボール扱いが柔らかいことが条件だった。

当時、学校のグラウンドの主役は野球部で、サッカー部はまるで間借りするように土むき出しのグラウンドでひっそりと練習していた。そんな中・高生たちにとって、ヤンマーディーゼルのチームが初めて入団させたブラジル出身選手、ネルソン吉村の軽快なプレーは衝撃だった。ストライカーはみな釜本邦茂に憧れたが、中盤の選手はネルソン吉村を真似た。一九六七年、十九歳のとき来日したネルソン吉村のプレーをきっかけに、日本サッカーはヨーロッパ・スタイルからブラジル・スタイルに傾斜することになる。

メキシコ五輪「銅」を導いた釜本邦茂

その三年前、一九六四年の東京五輪で日本代表チームは強豪アルゼンチンに3対2で快勝した。八強に残った日本だが、チェコスロバキアに完敗してメダルには届かなかった。日本サッカー界は東京五輪に備え、西ドイツからコーチとしてデットマール・クラマーを強化チームに招いていたが、来日したクラマーがボールのリフティングをして見せると選手たちはみな驚いた。そういう水準だったチームとしては、東京五輪の健闘は特筆ものであった。

六八年のメキシコ五輪では、日本は予選で、スペイン、ブラジル、ナイジェリアのグループに入れられ、惨敗が予想された。しかしナイジェリアに3対1で勝利、ブラジルとは1対1、スペインとは0対0で引き分けて決勝トーナメントに進んだ。予選での日本の得点4点のうち3点をあげたのは釜本邦茂であった。

準々決勝で、日本はフランスに3対1で勝った。3点のうち2点は釜本の得点だった。準決勝はハンガリーに5対0で完敗したが、三位決定戦でメキシコに2対0で勝って銅メダルを得た。2点とも釜本のゴールで、彼は全7得点でメキシコ五輪の得点王となった。そのうち4点は、当時釜本と黄金のコンビを組んだ俊足の杉山隆一のアシストによるものであった。

まだメキシコにいるうちに釜本には西ドイツ、フランス、メキシコ、エクアドルのプロチームからオファーがあり、その年十一月にリオデジャネイロで開催される世界選抜の大会にも招集された。だが釜本は辞退してチームメートとともに帰国する道を選んだ。

ネルソン吉村はメキシコ五輪当時すでにヤンマーの選手だったが、ブラジル国籍だったので日本代表チームには入れなかった。

メキシコ五輪後、一時高じた日本のサッカー熱は再びしぼみ、芝がハゲハゲのピッチとまばらな観客の時代に戻った。そんな人気の低迷期にあっても、豪快なシュートの釜本邦茂とネコのように敏捷なネルソン吉村は、中学と高校サッカー部員の気持を支えつづけた。

きれいなネコのようなネルソン

ネルソン吉村は一九四七年、サンパウロ州アダマンチーナに日系二世として生まれた。十六歳のときサンパウロに出て、夜間高校に通いながら冷蔵庫の修理会社で働いた。日系人のサッカーチームに参加してフォワードをつとめた六六年、彼の所属するチームは日系二世連合会リーグで優勝、ネルソンは得点王となった。

連合会会長の紹介で、ネルソンは日本サッカーリーグ初の外国籍選手としてヤンマーディーゼル・サッカー部に呼ばれ、ひとりで来日した。途中、乗り換えのパナマ、ロサンゼルスの空港で迷いながらもなんとか羽田にたどり着き、そこで初めてヤンマーの社員と会った。まだ十九歳であった。ヤンマーは彼を入部させるとき、ヤンマーの現地子会社の社員旋盤工であったネルソンを本社に転籍させたにすぎない、という口実を構えた。

日本サッカーリーグで下位に甘んじていたヤンマーはその年、一九六七年の春、早稲田大学を卒業した釜本邦茂を入社させ、彼とコンビを組ませる強力な中盤選手を探していたのである。まったく未知数のネルソンだったが、ピッチに立たせてみると印象は強烈だった。

動きが軽い。ボールが足に吸い付くようである。ディフェンダーの肩越しにボールを浮かせ、素早く相手の背後にまわって再びボールを奪うテクニックには、みな圧倒された。その動きから、彼は自然に「ネコ」と呼ばれるようになった。選手たちをもっとも驚かせたのは、最初の練習でネルソンがパンツの尻ポケットから二つ折りにしたシューズを取り出したときであった。それほど薄く柔らかいシューズを日本の選手は見たことがなかった。

子どものうちはシューズなしの裸足でサッカーをする、ブラジルではそれが普通だ、とネルソンはいった。正しくキックしないととても痛い。突き指もしょっちゅうだ。それから薄い布シューズを履く。そうして正確なキックを覚えていくのだ。

ネルソンは、のちにこうもいった。日本では子ども時代から勝負に執着させすぎる。チームの負けが込むと子どもたちはサッカーが嫌になり、やめてしまう。子ども時代には勝負は二の次、まずボールに触れるたのしさ、ボールを蹴るおもしろさを味わわせなければ。ブラジルの子どもたちのように――。

ネルソンは日本語を聞くことはできたが、しゃべる方は不得意だった。しかし次第に不自由なくしゃべるようになった。それは両親ゆずりの九州弁をまじえた大阪弁であった。

弱小ヤンマーを強豪に

一九六七年十月十五日、ヤンマー対八幡《やわた》製鐵の試合が行われる西宮球技場には、八千の収容人員をはるかに超える観客が集まった。みな、この試合から登場する二十歳のブラジル人選手を見にきたのである。整った顔立ちの軽快なネルソンはダンディでもあり、サッカー選手にはめずらしい長髪をやめようとしなかった。

釜本はそんなネルソンからボールをトラップするやり方と動きを学んだ。

〈ネルソン相手に、毎日ボールけりをした。いいボールを出さず、わざとトラップしにくい所や、胸で受けなければならないようなボールを出す。

ひょい。

まさに、ひょい、という感じでネルソンは相当な難ボールでも、一発でピタリとコントロールした。

そんなネルソンの体の使い方を、毎日毎日観察した。（……）
物心ついた時からボールに親しんできたネルソンの、柔いボールタッチと反応、ボールを処理し、次の動作に移る速さ。南米育ちは動きに無駄がなく、すべてが柔い。まるでネコだった〉（『ゴールの軌跡——釜本邦茂自伝』）

翌六八年、メキシコ五輪の三位決定戦で、胸のトラッピングからボールをすっと落としたあとの釜本の絶妙のシュートは、ネルソンとの練習のたまものであった。

当初は、ボールを持ちすぎる、そのわりにシュートが少ないと批判されもしたネルソンだが、やがて釜本のアシストに徹するようになる。ネルソンと釜本のペアプレーはヤンマーの看板となり、弱小チームであったヤンマーは六九年一月、天皇杯優勝した。それを皮切りに、天皇杯優勝三回、準優勝五回、リーグ優勝四回、二位四回という全盛期を迎え、一九九三年に発足したＪリーグではセレッソ大阪の母体となった。

日本サッカーの遺伝子を変えた

最初は一年だけの日本行きのつもりであった。もともと、そんな遠いところに行きたくない、とネルソンは渋っていた。しかし、一九三〇年に十三歳で熊本からブラジルに移住してきた父親は、ネルソンにいった。自分はもう三十七年も帰れずにいる。こんなよい機会を逃す手はない。ぜひ行ってこい。

一年後、ヤンマーは彼に、一九七〇年オフまでの二年延長をもとめてきた。このときネルソンは一度ブラジルに帰った。つきあっていたガールフレンドに「あと二年待ってくれ」と頼んだ。しかし一週間に一通届いていた手紙は次第に間遠になり、結局自然消滅したのは無理からぬところであった。

一九七〇年になると、日本国籍を取得してはどうかといわれた。日本代表チームにネルソンを入れたかったのである。ブラジルに帰って相談すると、妹たちは大反対だった。兄がブラジルに帰ってこなくなることを心配したのだが、父親は賛成した。父親は、帰化するなら大志郎という名前を使え、といった。ネルソンが生まれた一九四七年当時、ブラジルでは日本名がはばかられる空気があったので届けは出さなかったが、息子にはひそかに日本名を用意していたのである。

七四年、ヤンマーの寮長の娘で同い年の潮多恵子と結婚した。ネルソンは小遣いとボーナス、その二年分を貯めて父親を日本に呼んだ。そのとき、せっかく自分が来たのだから、と父親に結婚式をあげることを強く勧められた。七五年と八一年に男の子を得て、八六年、家族四人でブラジルのネルソンの実家を初めて訪ねた。

ネルソンの成功は、ブラジルの日系人の選手の入団を導いた。ジョージ小林、セルジオ越後、ジョージ与那城らである。さらにその後には、日系ではない選手たちの来日と帰化によるナショナルチームへの参加がつづいた。ラモス瑠偉《るい》、呂比須《ろぺす》ワグナー、三都主《さんとす》アレサンドロらである。ネルソン吉村は、日本サッカーの遺伝子を変えたのである。

ネルソン吉村の引退は八〇年であった。来日三年目、六九年の練習中に足を蹴られ、右膝の靭帯をのばしてしまったことがのちのちまで祟った。かつての僚友でヤンマー監督となった釜本から、コーチになってくれと頼まれたことも大きかった。

ネルソン吉村は日本サッカーリーグで六七年から八〇年まで実働十四シーズン、出場一八九試合で三十得点、国際Aマッチでは七〇年から七六年まで四十六試合に出場して七得点であった。

ヤンマーのコーチを十年つとめたあと、ネルソンは九〇年から四年間、ヤンマーの指揮をとった。九三年、Jリーグが始まるとき他チームから好条件のオファーがあったが固辞した。ヤンマーに義理を立てたのである。そのかわり、ヤンマーの後継チームであるセレッソ大阪のスクールコーチやスカウトになった。子どもたちを育てる仕事は若い頃からの希望であった。

晩年にはパチスロに凝っていたという目撃証言もあるが、二〇〇二年五月頃から肺に水がたまり、痩せた。二〇〇三年六月からは足がむくんで、今度は腹水がたまった。原因がわからず、〇三年十月初めに検査入院した。案外元気に過ごしていたが、十一月一日、昼寝をしたまま目を覚まさなかった。直接の死因は脳出血とされた。五十六歳、きれいだったネコの早すぎる死であった。

ネルソン吉村について短い文章を書きたいのだが、と偶然知り合った元国際サッカー連盟(FIFA)理事、日本サッカー協会(JFA)第十二代会長の小倉純二氏に話すと、氏はぜひ書いてくれといい、資料を送ってくれた。関係者はみなネルソンのことが忘れられず、また功績のわりに報われることが少なかったという無念の思いを抱いているようであった。

写真出典

〔以下は共同通信社提供〕

14 頁，20 頁，27 頁，38 頁，44 頁，61 頁，85 頁，98 頁，110 頁，147 頁，227 頁，242 頁

〔以下は朝日新聞社提供〕

51 頁，159 頁，169 頁，203 頁，218 頁

〔その他〕

75 頁：©Medianews Group ／ Boston Herald ／ゲッティ／共同通信イメージズ

122 頁：©UIP ／ Ronald Grant Archive ／ Mary Evans ／共同通信イメージズ

137 頁：© World History Archive ／ニューズコム／共同通信イメージズ

関川夏央

作家．1949年，新潟県生まれ．上智大学外国語学部中退．『海峡を越えたホームラン』(双葉社，1984年)で第7回講談社ノンフィクション賞，『「坊っちゃん」の時代』(谷口ジローと共作，双葉社，1987-97年)で第2回手塚治虫文化賞，2001年には，その「人間と時代を捉えた幅広い創作活動」により第4回司馬遼太郎賞，『昭和が明るかった頃』(文藝春秋，2002年)で第19回講談社エッセイ賞を受賞． 近著に『子規，最後の八年』(講談社，2011年，講談社文庫，2015年)，『日本人は何を捨ててきたのか 思想家・鶴見俊輔の肉声』(鶴見俊輔との対談，筑摩書房，2011年，ちくま学芸文庫，2015年)，『東と西 横光利一の旅愁』(講談社，2012年)，『文学は，たとえばこう読む——「解説」する文学Ⅱ』(岩波書店，2014年)，『人間晩年図巻 1990-94年』『人間晩年図巻 1995-99年』(いずれも岩波書店，2016年)など．

人間晩年図巻 2000-03年

2021年10月28日 第1刷発行
2021年12月6日 第2刷発行

著 者 関川夏央《せきかわなつお》

発行者 坂本政謙

発行所 株式会社 岩波書店
〒101-8002 東京都千代田区一ツ橋2-5-5
電話案内 03-5210-4000
https://www.iwanami.co.jp/

印刷・精興社 製本・牧製本

ISBN 978-4-00-061496-2 Printed in Japan